공무원 기획력

공무원 기획력

개정판 1쇄 발행 2024년 12월 1일
초 판 1쇄 발행 2018년 6월 1일

지은이 심제천 / **펴낸이** 배충현 / **펴낸곳** 갈라북스 / **출판등록** 2011년 9월 19일(제395-251002011000260호) / **전화** (031)970-9102 **팩스** (031)970-9103 / **블로그** blog.naver.galabooks / **페이스북** www.facebook.com/bookgala / **이메일** galabooks@naver.com / **ISBN** 979-11-86518-89-2 (03350)

공무원 기획력

재정여건이 비슷한 지자체,
주민 삶은 왜 차이가 날까?

공무원이라면 누구나 일 잘한다는 칭찬을 듣고 싶을 것이다. 그중에 핵심이 바로 '기획력'이다. 그래서 '지자체의 비전 실현은 공무원의 기획력에 있다'는 것이 필자의 신념이다. 총론에서 단체장의 미래지향적인 철학과 의지가 중요하지만, 각론으로 들어가면 공무원의 기획력이 지역발전의 원동력이라는 확신이다. 그런데 필자가 오랜 기간 기획부서에 근무하면서 느낀 점은 많은 일선 공무원들이 기획에 대한 기본 인식과 관점이 부족하다는 것이다. 물론 개인차는 있겠지만 공무원들의 기획력 부족은 극복해야 할 과제라는 생각이 들었다.

지방공무원임용 공개채용시험에 합격했다고 기획력이 자동

으로 주어지는 것은 아니다. 따라서 '주민 삶의 질'을 향상시키기 위한 본연의 업무를 책임 있게 수행하기 위해서는 '기획력'을 갖추기 위한 노력이 필수적으로 요구된다고 할 수 있다.

지자체의 재정여건이 양호하고 단체장이 아무리 많은 아이디어를 가졌다고 하더라도 공무원들이 이를 정책으로 기획하고 실행하지 못한다면 지역의 발전을 이루기 어렵다는 것이 필자의 지론이다. 재정여건이 비슷한 지자체라도 주민 삶의 질에서 차이가 많이 나는 것이 이 때문이 아닐까? 가난한 농촌마을에 불과했던 전남 함평군과 충북 보은군은 나비축제와 머드축제로 지역 경제가 살아나고 있다. 이와 다르게 일부 지자체는 빚더미에 내몰려 주민들의 고통과 시름이 더해가고 있는 현실이 이를 잘 말해주고 있다. 이에 기획을 어렵게 생각하거나 좋은 기획을 생각하는 공무원들을 위해 필자의 공직생활 30여년의 지식과 경험을 담아 지방공무원의 관점에서 이 책을 집필했다.

'자치행정을 알면 기획이 달라진다' '기획고수 이렇게 체득하라' '지속가능한 베스트기획을 위해' '자치행정 기획의 존재방식' '기획실전 처음부터 끝까지' 등 총 5장에 걸쳐 개괄적으로 정리함으로써 공무원들이 '기획에 관한 관점'을 새롭게 하고 '기획에 관한 지식과 실무'를 손쉽게 터득할 수 있도록 했다. 하지만 필자가 경영컨설턴트나 행정학자가 아닌, 일선 자치행정 공무원이기 때문에 기획기술과 이론을 다루기 보다는 공직현장의 생각과 이야기를 '공 주무관과의 가상대화' 형식을 통해 나눔으로써 독자와의 소통강화에 주력했다. 그리고 실제 기획 실무를 하면서 경험했던 사례들을 삽입하여 도움을 주고자 하였지만 혹시나 모를 진부한 주장이나 논리에 대해서는 지적해 준다면 기꺼이 반면교사로 삼을 생각이다.

모쪼록 이 책이 공무원들에게 자기계발의 나침반이 되고 주어진 업무에 대해 '무엇을 어떻게 해야 할지' 올바른 기획의 길을 찾는 마중물이 될 수 있기를 바란다.

끝으로 이 책이 발행될 수 있도록 헌신적으로 도와주신 갈라북스 배충현 대표 편집자님, 그리고 책 발간을 아낌없이 응원해 준 나의 가족에게도 진심으로 고마움을 전한다.

_ 심제천

차 례

자치행정을 알면 기획이 달라진다

지속가능한 베스트 기획을 위해

Ⅳ

자치행정 기획의 존재방식

기획실전 처음부터 끝까지

1 기획의 프로세스 어떻게 할까

2 직급별 기획서 작성 포인트

3 기획서 형태별 작성 노하우

≫ 주민의 관점에서 기획 〉계획 하라

≫ 기획력은 냉철한 현실 인식이다

≫ 기획체제를 확 바꿔라

I

자치행정을
알면
기획이
달라진다

주민의 관점에서
기획 > 계획하라

주민을 위한 기획은
거창해야만 할까

"공 주무관! 기획을 모르면 성공할 수 없어!"

"과장님! 기획은 골치 아파서 싫어요. 현장이 더 중요해요"

"하지만 현장은 현재의 상황을 파악하기 위한 기획의 수단일 뿐이지!"

일순, 공 주무관은 기획에 대한 이해가 부족하고, 기획보고서 작성에 심한 스트레스를 받고 있다는 느낌이다.

구청에서 '일 좀 한다'는 직원이 하는 말이고 보면 공무원들이 '기획에 대해 왜 그토록 힘들어 할까!'를 되묻지 않을 수 없다. 그 이유는 기획이 '뭔가 거창해야 한다'는 관념에 사로잡혀 있기 때문일 것이다. 하지만 기획은 거창한 것만은 아니다.

한 가지 예를 들어보자. 내게 어린이 공원조성관리를 담당하는 업무가 주어졌다고 할 때 기존의 공원기능유지만 해오던 방식에서 벗어나 이용자들의 눈높이에 맞게끔 공원을 개선해가는 노력을 말하는 것이다. 이를테면 놀이시설이 망가졌다면 새

것으로 교체하는 하는 것은 기본이다. 최근에 조성된 공원이라 할지라도 그네와 시소만 있는 단순한 놀이 공간이라면 이를 문제점으로 인식할 수 있다. 그리고 기존의 것을 바꿔 가는 것이 기획이다. 과연 이것이 거창한가?

주민만족도에 따라 공원시설의 일부만 바꿀 수도 있고 매우 노후된 공원이라면 전반적인 쇄신이 필요해 설계, 계약, 주민 의견 수렴 등 여러 절차가 있어 신경을 써야 하는 부분도 있다. 하지만 지레 걱정할 필요가 없다는 사실이다. "기획은 현재의 상태를 원하는 상태로 만들어 가는 과정"이라는 말이 있다. 기획이 기존의 틀을 무조건 100% 해체해 백지상태에서 무엇을 완전히 새롭게 만드는 것이라고 거창하고 어렵게 생각할 필요는 없다는 것이다.

자치행정이 주민의 생활을 보다 나은 방향으로 그려가는 일이기에 늘 창조적일 수 만은 없지 않을까? 내가 어떤 업무를 함에 있어 아무런 변화도 없이 종전의 형태만을 답습하는 것은 아니다.

이용자들의 욕구와 불만을 분석해 작은 것부터 하나씩 점진적으로 개선하려는 것이 필요하다. 그래서 기획(Planning)을 '의도된 계획'이라고도 한다. 계획(Plan)이 5W 1H에 따라 소기의 목표를 차질 없이 실행하는 '방법'적인 일이라면 기획은 계획을 의도적으로 변화시켜 바람직한 가치를 창출하는 '과정'적인 일인 것이다.

현재의 정책(행동)들에 대해, 직원 누구나가 공감할 수 있는 새로운 아이디어를 가미해 기존의 것을 어떻게 바꿔 볼 것인가? 여기에 '계획'과 '기획'의 차이가 있다. 기획(企劃)에 대한 개념 인식이 아직도 애매모호한가? 그렇다면 한자에 담긴 기획(企劃)의 뜻을 통해 진정한 의미를 머릿속에 정립해보자.

기획은 바랄 기(企)에 그을 획(劃)이다. 어떤 바라는 것(企)을 그리는(劃) 것이라고 할 수 있다. 이는 곧 자신의 생각을 구체화하는 과정이라고 말할 수 있다. 그래도 잘 이해가 되지 않는다면 '바랄 기'와 '그을 획'을 한 번 더 나눠보자. 바랄 기는 '사람 인(人)'과 '그칠 지(止)'로 돼 있다. 사람이 길을 가다 바라는 무엇인가를 '생각'하며 서있는 것이다. '그을 획'은 '그림 화(畵)'와 '칼 도(刀)'로 돼 있다.

> ## 기획(企劃)
> 바랄 기　企
> 그을 획　劃

머릿속에 생각해 그림을 그리되, 질문이라는 칼로 불필요한 부분을 다듬고 정리하는 것이다. 따라서 기획은 곧 '자신이 원하고 바라는 생각을 그리고 정리하는 활동'이다.

기획의 그레샴 법칙

그런데 대다수의 공무원들이 매일 처리해야하는 일상적인 업무 때문에 정작 기획을 해야 할 일들은 뒷전으로 밀리는 경우가 많다. 즉 계획만 하고 기획은 하지 않게 되는 셈인데, 행정학에서는 이를 '기획의 그레샴 법칙'(Gresham's Law of Planning)이라고 한다. 원래는 '토마스 그레샴'의 '악화가 양화를 구축한다'는 말에서 비롯됐는데, 일상적인 업무나 수단이 쇄신적인 기획 활동을 몰아내는 현상을 의미한다. 공무원들이 '다람쥐 쳇바퀴 돌듯' 정형적이고 루틴화된 업무와 활동에 주력한 나머지 기획력이 요구되는 비정형적인 업무를 등한시 한다는 것이다.

할 일이 많아서, 경험이 부족해서, 능력이 없어서 등 이유는 많겠지만 지방공무원들이 관행적인 일이나 민원발급과 같은 단순 업무에 치중해 지역의 비전을 그리는 일들에 소홀해 진다면 주민의 삶이 나아질 수 있을까? 따라서 지역 현안업무들에 대해 늘 문제의식을 가지고 '왜(why) 무엇을(what) 어떻게(how) 할 것인가' 깊이 생각하는 습관을 가져야 주민의 욕구를 세심하게 헤아릴 수 있다.

기획 planning	계획 plan
미래지향	현재지향
목적지향	수단지향
구상지향	실행지향
변화지향	관리지향

주민의 관점에서
세심하게 살펴라

"공 주무관! 화가에게 필수적인 도구가 뭘까?"

"예 도화지, 물감, 붓이 아닐까요."

"지방공무원에게 필수적인 것은 무엇일까?"

"지방자치 3요소인 주민, 자치권, 구역 아닐까요?

"이중에서 공무원에게는 주민이 핵심이 아닐까 하네."

지방공무원, 누구를 위해 일하는가?

언젠가 '세바시(세상을 바꾸는 시간)'라는 방송 프로그램에서 '소비자의 관점'에 대한 다음(Daum) 부사장의 강연은 필자에게 깊은 인상을 줬다. "다양한 기능을 가진 리모콘이 소비자의 구매력을 충족시키지 못한 것은 '리모콘'이라는 '사물'에 집중했기 때문"이라며 "TV 리모콘을 아무리 똑똑하게 만들어도 고객이 이용하는 것은 음량, 채널, 전원 세 가지 뿐이라는 것"이었다.

이를 자치행정에 견주어 보면, '주민'은 지방자치에서 가장 중요한 필수 구성요소다. 주민의 지위는 그 무엇보다 우위에 있다. 따라서 정책의 바탕에 주민에 대한 세심한 사랑과 존중이 그려지지 않는다면 가슴 찡한 감동을 줄 수는 없을 것인데, 어떤 관점을 녹여 기획할 것인가에 대해 시사하는 바가 크다. 이

사람중심 관악특별구

에 구정비전을 '사람중심 관악 특별구'로 내세운 관악구의 대표적인 '사람중심' 정책사례 하나를 소개할까 한다.

관내 신림사거리는 홍대사거리와 더불어 유동인구가 무척 많은 지역으로 통한다. 그런데 주민들이 사거리를 왕래하기 위해서는 지하도를 이용하는 수 밖에 없는데, 출퇴근 시간이면 한꺼번에 많은 사람들이 몰려 그야말로 북새통이 된다. 지상에 횡단보도가 있으면 혼잡도가 훨씬 덜 할텐데 '차량중심'의 도로 설계로 주민들이 고통 받는 현실에 착안해 사거리에 사각형의 횡단보도를 설치하였더니' 교통 정체도 극심하지 않으면서 지하철의 주민 혼잡도가 크게 개선됐다. 관점을(차량중심 → 사람중심) 바꾸는 것만으로도 문제점을 해결 할 수 있었던 것이다. 이를 공원업무에도 적용해 보면 주택가에 근린공원을 조성하는 일이 내게 주어졌다고 할 때, 공원자체의 아름다움을 기획할 것이 아니라 그 공원을 주민이 이용할 때의 아름다움이라고 할 것이다. '이 지역에는 어떤 계층의 주민들이 많이 살고 있으며 공원을 조성한다면 누가 주로 이용할 것인가?'에 대해 세심한 주의

가 필요하다.

주민의 욕구를 헤아리는 기획

필자가 도서관과장으로 근무하면서 어린이 공원부지 내에 작은 도서관을 조성하기로 결정해 예산까지 확보한 적이 있다. 그런데 관련부서 협의과정에서 도시계획상 설치가 불가능하다고 해, 부득이 대체공간을 확보하지 않고는 사업을 실행하기 어렵게 됐다. 결국 대안을 찾아다가 유휴공간을 확보할 수 있었는데, 인근 경로회관 2층에 실내놀이대를 갖춘 유아휴게실이 이용자가 없어 방치되고 있었다. 시설관리부서에서도 활성화 방안을 찾고 있던 중이었는데 문제는 어떻게 하면 주민들의 사랑을 받을 수 있는 도서관을 만들 수 있을까였다. 도서관의 존재 이유가 '주민'이고 보면 목표는 '주민 이용율이 높은 도서관'을 만드는 것이 최고가 아닐까하는 생각이었다. 지역 주민의 유형을 파악해보니 신혼부부들이 많이 거주하고 있었고 이들의 욕구를 헤아리는 컨셉이 필요해 보였다. 결국 인근 주민들의 의견을 수렴해 본 결과, 기존에 설치한 놀이시설이 있으니 책만 보는 공간보다는 이를 활용해 즐거운 독서 공간으로 만들어 보는 방안이 좋겠다는 것이었다. 당초 계획한대로 나무와 숲이 우거진 어린이 공원에 설치할 수 있었다면 자연과 책과 사람이 어우러져 금상첨화였겠지만, 차선책을 통해서라도 최적의 결과를 도출키로 한 것이다. 이에 만 46개월~7세 어린이들이 조합 놀이대를 충분히 활용할 수 있도록 재배치하고 나만의 공간에서 책을 볼 수 있는 마름모형 의자를 설치하는 등 콘셉에 걸맞는 공간구성에도 심혈을 기울였다.

도서관 운영방식도 차별화했다. 오전·오후 두 시간씩 조합 놀이대에서 부모들의 보호아래 신나는 동요를 들으면서 놀 수 있도록 하고 여기에 걸맞게 명칭도 '책이랑 놀이랑 도서관'으로 지었다. 그야말로 '도서관 = 조용·엄숙'이라는 상식을 파괴해 보통사람의 기대와 예상을 뛰어넘는 반전이 아닐 수 없었다.

주민관점의 기획으로 인해 이곳 작은 도서관은 어린이들이 부모의 손을 잡고 가장 즐겨 찾는 독서 놀이 공간이 될 수 있었다. 또한 북 스타트(Book Start) 프로그램을 비롯해 주부들이 참여하는 다양한 독서모임이 활발히 진행되고 있어 지역독서의 사랑방으로 인기를 누리고 있다. 작은 예산을 투입하고도 독특한 발상으로 주민에게 따뜻한 행복의 온기를 전해 주고 있는 것이다.

·

주민에게 외면받는 사업은 이제 그만

혹자의 말대로 모든 것이 '돈만 있으면 안 되는게 없다'라는 것이 사실이라면 천문학적 예산이 투입되는 사업은 모두 A급 기획이고, 1억원의 작은 예산이 소요되는 사업은 C급 기획이 될 수 밖에 없을 것이다. 하지만 책이랑 놀이랑 도서관처럼 비록 작은 예산이라도 주민들에게 사랑받는 사업이 가능하고, 많은 예산이라도 주민들에게 외면 받는 사업이 존재한다는 사실에서 '최고의 기획이 곧 돈'이라는 등가는 성립하지 않는다.

제아무리 많은 예산이 투입되더라도 주민들에게 행복의 온기를 줄 수 없는 사업이라면 과감하게 포기 해야 하며, 그 누구든 기획담당자의 객관성에 압력을 행사하는 일은 하지 말아야 한다.

주민을 위한 진정한 기획이란 '아집과 욕심'을 버려야 한다. 대표적으로 수백 억원을 투입한 A경전철사업의 경우, 비용과 편익을 분석한 결과 실효성 없는 사업이라고 판단했다면 과감히 포기해야 하는데 아집과 욕심을 버리지 못해 화(禍)를 자초한 것이다. 한마디로 전시성·과시성 행정이며, 정확한 교통수요 예측이 결여된 함량 기획이었다. 최근 A시가 전철의 전철(前轍)을 극복하고, 많은 예산의 투입 없이도 주민의 눈높이에 맞추어 변화를 시도하고 있는 것은 본받을 점이다. 여름성수기 동안 (7월 23일~8월 21일) 시청광장을 이용해 유아와 성인들이 이용할 수 있는 8000㎡ 규모의 수영장을 운영하고 있으며 시청의 강당은 무료 시민예식장을 운영하고 있는데 시민들의 많은 사랑을 받고 있다고 한다. 공무원들이 시군구청이 행정사무를 처리하는 공간이라는 '사물'에 집중하기 보다는 주민이 이용하는 관청

이라는 '사람'에 집중할 때 행정관청이 수영장이 되고, 농구장이 되고, 예식장이 될 수 있다는 사실이다.

어느 카피라이터가 한 말이 생각난다. 양지바른 마을에 갑자기 수십 층짜리 아파트가 들어서게 됐다. 마을 사람들이 '주민의 행복추구권을 짓밟는 대형건물이 웬말인가. 물러가라 물러가라'는 현수막을 내걸었으나, 시공사는 묵묵부답이었다. 그래서 고민 끝 '마을 한 켠에 어린이들이 햇볕을 볼 수 있도록 10미터만 이격해 지어주세요'라고 했더니,

아파트 시공사에서 이를 반영해 줬다는 얘기다.

공무원들에게 예산이 기획의 전제조건인 것은 분명하지만 많은 예산이 아니더라도 자신이 하는 일을 대상자의 관점에서 자세히 바라볼 때 좋은 발상이 나올 수 있을 것이다. 자신만의 아집과 독선을 버리고 고정관념을 주민의 시각에서 다양하게 재해석한다면 최상의 아이디어가 발굴될 수 있다는 말이다.

주민이 감동할 수 있는
기획적 생각이란

"공 주무관! 생각에는 어떤 것들이 있지?"

"상상(想像), 구상(構想), 발상(發想), 상념(想念), 무념무상(無念無想) 사유(思惟)가 모두 생각 아닐까요"

"과장님! 그렇다면 기획적인 생각은 어떤 생각일까요? "

한자문화권인 우리나라에서 생각에 대한 단어들은 념(念), 상(想), 사(思), 려(慮)로 다양하게 표현하고 있다. 그 개념적 정의를 살펴보면 념(念)은 내 마음을 떠나지 않은 생각이고, 상(想)은 떠오르는 생각이다. 사(思)는 머리로 따지는 생각이고, 려(慮)는 짓누르는 생각이다. 여기에서 기획은 아무래도 뭔가 궁리해야한다. 이것저것 비교 검토하는 과정들이 수반된다고 볼때 상(想)과 사(思)가 아닐까! 그렇다면 지방 공무원들의 생각프레임은 과연 어떠해야 할까?

오랜 세월 동안 군인들이 정권을 잡아온 군부독재체제로 인해 중앙의 정책을 집행하는 수동적인 관점에서 기획적 사고는 많이 요구되지 않았다. 그런데 이제는 시대환경이 많이 달라졌다. 공무원들이 자신을 그냥 법을 집행하는 '공무수행자'라고 생각하는 것과, 주민의 삶의 질을 높이는 '대민봉사자'라는 생각에는 많은 차이가 난다. 전자는 출근해서 '이 업무는 법적인 사무로 별로 달라질게 없다'는 고정관념으로 하루를 때우면 된다거나, '이 일을 하면 민원발생이 우려되기 때문에 하지 말아야겠다'고 생각할 것이다. 하지만 후자는 '그래 이렇게 역발상을 해보면 더 개선될 수 있을 것'이라고 생각하면서 자신의 업무를 더욱 능동적으로 수행할 것이다. 따라서 기획력을 언급할 때 념(念)과 려(慮)보다는 상(想) 사(思)인데, 고정관념(固定觀念)과 염려(念慮)에서 벗어나 '창조적으로 발상(發想)하고 논리적으로 사고(思考)하는 것'이라 할 수 있다.

지역의 일을 스스로 챙겨야 하는 지방자치시대가 되면서 공무원들의 생각이 표피적이고 경박하지 않아야 주민들이 행복해질 수 있기에 자율과 창의의 근간이 되는 상(想)과 사(思)는 더욱 중요해졌다.

어떤 문제를 볼 때 빙산의 윗부분만이 아니라 밑둥까지 보는 입체적 관점이 필요한데, 서로 다른 개념을 조합함으로써 익숙한 것을 낯설게 볼 수 있는 창의적 상상력이 필요한 것이다. 이처럼 기획적 사고를 하는 공무원이라면 주민의 고단한 삶의 무게를 경감시키는 마력이 있지 않을까? 특히 지방이 곧 국가라는 측면에서 산업구조의 변혁이 빠르게 진행되고 있는 가운데 창조적 발상이 아니면 국가의 경쟁력을 확보해 갈 수 없다.

1, 2, 3차 산업은 대량생산과 노동력의 지배, 제조업의 일처리 방식, 지식정보자본이라는 틀 속에서 발전을 해왔다. 반면 4차 산업 시대를 맞아 인간과 기계, 과학이 지식정보통신의 융합(ICT)으로 진전된 4차 산업시대에는 공무원의 창조적 상상력과 두뇌활동이 빠질 수 없는 조건이 됐다.

특히 4차 산업시대에는 디지털 공간의 데이터에서 일정한 패턴을 뽑아내어 이를 다양한 방식으로 조합해 부가가치를 만들어 내는 '컴퓨터적 사고'가 각광받고 있는데, 공무원들이 기획을 할때 각종 공적데이터를 통합해 의미있게 활용하는 것 또한 주민의 삶의 질 향상으로 구현될 수 있을 것이다.

"망치와 유리를 생각하면 무엇이 떠 오를까?"

어릴적 신동으로 불렸던 어느 공학박사와의 방송대담 중에 나온 말인데 그분의 대답은 거미줄이었다. 망치와 유리 자체를 생각하는 '유사동종'이 아니라 '반사이종'을 생각하는 것이다. '망치로 유리를 깨면 파편이 떨어진다'는 구조식이 아니라 '망치로 유리를 깨면 거미줄이 생긴다'는 식이다.

기획전문가들은 이러한 창조적 발상을 '메타포'라고 하는데,

전혀 관련이 없어 보이는 두가지 사물의 연결고리를 인지하는 A=D라는 은유적 연상으로 가능하다는 것이다. 최근 동질간의, 또 동질과 이질의 조합이 융합 내지 통섭(統攝)의 단계로 나아가고 있는데 어떤 물질의 합이 상식을 뛰어넘는 화학작용을 일으켜 새로운 물질을 만들어 냄으로써 산업구조의 변혁으로 이어지고 있다.

스티브 잡스는 Think Different, 문법적으로는 왠지 어색하지만, 익숙한 듯 낯설고 의미를 확장할 수 있는 애플만의 은유 조립법으로 스마트 경영의 귀재가 될 수 있었듯이 공무원들도 이러한 '상(想)과 사(思)의 관점'을 견지해야만 주민행복의 귀재가 될 수 있다는 것이다.

기획적 프레임이란 개념을 근원적으로 탐구하면서 컴퓨터와 핸드폰(아이폰), 가방과 바퀴(캐리어 가방)처럼 전혀 다른 두 개 이상의 개념들을 결합해 새로운 사물을 만들어 내는 것이다.

1 더하기 1은 2가 아니라 3을 만들어 내는 것인데 부조화의 조화랄까! 이러한 의미를 담고 있는 유기적 통합(organic integration)을 비롯해 메트로 섹슈얼(Metro Sexual), 통합적 이해(united understanding), 글로칼리즘(glocalism), 종합지(綜合知, synosia) 같은 하이브리드가 대세이며, 이는 미래 세대들에게 꿈과 희망을 줄 수 있는 시대정신이 잘 구현돼 있기 때문이다.

2

기획력은
냉철한 현실 인식

기획의 전제는 재정력
최소한의 최대한으로

"공 주무관은 민선시대 공무원이지?"

"민선 지방자치시대 개막이 1995년이니까 그렇다고 할 수 있네요"

"그렇다면 지방자치의 핵심인 지방분권에 대한 개념에 대해 잘 알고 있겠지"

"예! 주민들이 낸 세금으로 자치사무를 하는 것 아닐까요"

"하지만 가장 중요한 재정자치가 실현되지 않아 진정한 의미의 지방자치가 실현되고 있다고 보기는 어렵지!"

필자가 기획예산과장을 하면서 느낀 것은 복지예산이 지방재정규모의 60%에 달하는 상황에서, 제대로 된 사업기획을 할 수 없는 것은 물론 기본적인 기능유지관리를 할 수 있는 가용 재원조차 거의 없다는 사실이다.

이러한 상황인데도 중앙정부는 지자체의 속사정을 더욱 깊이 들여다보지 않고 있다고 생각한다. 지자체 또한 일부 공무원들이 수십억 원에 달하는 도로를 개설하겠다는 예산요구를 거리

낌 없이 하는 것을 보면서 안이한 재정인식에 탄식을 금치 않을 수 없다. 서울 한복판에 있는 청계고가도로를 철거하고 서울 광장을 만들어도 교통대란은 없었다는 사실에서 '기존의 도로를 어떻게 하면 효율적으로 활용할까'에 대한 기획적 생각은 왜 (why) 하지 않는지 답답하다.

> "공 주무관! B경전철 사업 잘 알고 있지?
> "예 과장님! 교통수요량 예측 분석 등이 잘못돼 많은 적자를 안겨준 채 파산절차를 진행 중으로 알고 있습니다."
> "공무원들이 기획 할 때는 나무도 보고 숲도 봐야 해"

지방공무원들이 잘못된 기획의 원인제공자가 되지 않기 위해서는 주민의 욕구와 지역의 문제를 정확하게 파악하고 정책 결정에 임하는 것이 요구된다. 배보다 배꼽이 커서야 되겠는가?

A경전철사업에 이어 B경전철사업은 단기간의 업적을 쌓기 위한 졸속행정이며, 기획력 부재의 전형으로 자치재정력을 포함한 지역의 행정환경을 제대로 인식했다고 볼 수 없다. 2012년 하루 승객수요량을 7만9000명으로 예측했다지만, 실제 이용객은 1만2000명에 불과해 예측 수치의 15.2%에 그쳤다는 통계는 평범한 시민도 납득하기 어려운 대목이다. 이미 레일이 깔린 상태에서 이를 백지화하기는 어려운 만큼 정상화에는 엄

청난 고통분담이 따를 수밖에 없을 것이다.

지방공무원들이 지역 현실상황을 정확하게 직시하지 못한 채 잘못된 정보에 근거해 정책을 밀어 붙일 때 이러한 문제가 발생하는 것이다. 결국 어설픈 정책 결정이 '돌이킬 수 없는 지점'을 지났다면 재정상의 막대한 매몰비용은 물론이고 향후 대책을 강구해야 하는데 쉬운 일이 아니다. 미래지향적인 정책이란 일부 예외가 있을 수 있지만 투입되는 비용에 비해 편익이 상대적으로 커야 한다. 아울러 이를 감당할 수 있는 재원조달이 안정적으로 뒷받침 될 때 기획이 가능한 것이다.

최소의 비용, 최대의 효과

최근 행동경제학이 주류경제학이론에 많은 의문을 제기하고 있다. 하지만 한정된 재원에서 전통적인 경제의 원칙은 중요할 수 밖에 없다. 또한 최소의 비용으로 최대의 효과를 올릴 수 있는 '최소한의 최대한'이 돼야 하는 것이다. 따라서 재정을 담당하는 예산과를 비롯한 세출부서에서는 '밑빠진 독'에 물 붓는 식의 전시성, 과시성, 낭비성 사업을 억제해야 함은 물론 경상적 경비 절감 등 강도 높은 긴축재정을 운영해야 한다. 세무과를 비롯한 세입부서에서는 숨은 세원을 적극 발굴하고 체납액 일소를 위한 체납차량 CCTV 추적징수, 채권확보 등 특단의 대책이 요구된다. 하지만 지자체의 건전재정운영노력에 근본적인 한계가 있는 만큼 중앙정부에서는 충분재정 원칙의 실현이라는 지자체의 재정자치 외침을 절대로 외면해서는 안 될 것이다.

조세구조 개선이 시급하다

1995년 민선 지방자치시대가 개막됐지만 아직까지 반쪽짜리 지방자치가 계속되고 있다. 특히 청소·교통·공원녹지 등 자치사무의 원활한 수행을 위해서는 '국세 80 : 지방세 20'이라는 조세구조 취약성은 시급히 해결해야 할 과제인데도 이렇다 할 개혁이 이뤄지지 못하고 있는 실정이다.

이웃 일본의 지방자치단체 구조는 우리나라와 유사한데도 행정이나 재정의 비중을 놓고 보면 우리나라에 비해 크게 앞서고 있는 것이다. 부연하지만 국세와 지방세의 비중이 60%와 40%로 엇비슷한 수준이며, 지방교부세를 비롯해 중앙정부에서 지자체로의 재정 이전 이후에는 지방재정규모가 60%로 더 커졌다고 한다.

정책학에서 알몬드(Gobriel A. Almond)는 조세를 추출정책(Extractive Policy)으로 분류했는데, 우리나라의 경우 정부가 추출하는 물적 자원인 조세가 국가(국세)와 지자체(지방세)간에 전혀 균형을 이루지 못하고 있는 것이다. 그렇다고 지자체가 중앙정부에 지방교부세라도 올려달라며 '애걸복걸'하지만 '소 귀에 경 읽기'가 아닐까? 노인기초연금, 무상보육과 같은 보편적 복지비용은 중앙정부에서 책임져야 하는데, 지방자치단체에 과도한 재정 부담을 안겨주고 있다 보니 2016년 서울시 자치구청장 협의회에서 재정디폴트를 선언한 것이다. 중앙정부가 지자체와 사전 협의없이 복지확대를 추진하고 특정사업에 대해 매칭비율 (50:50, 60:40, 70:30 등으로)을 일방적으로 정하기 때문에 지자체의 재정압박이 가중되고 있다. 재정투자 및 복지사업의 효율성 제고를 위해 포괄보조금 제도를 확대하고 상호보완적인 협업시스템을 만들어 갈 수 있도록 해야 한다. 하지만 중앙정부에서 지자체에 내려주는 교부세나 서울시에서 자치구로 내려주는 교부금 제도로는 지자체 실정에 맞는 복지시스템을 기획하기 어렵기 때문에 근본적으로 국세 위주의 조세구조를 하루 빨리 바꾸는 것이 급선무라고 할 것이다.

서울시 자치구세가 재산세와 등록면허세 2개뿐이고, 재정자립도 평균이 30% 내외라는 게 말이 되는가? 헌법적 가치인 지방분권과 재정자치실현! 이제 지방의 경쟁력확보를 위해 더 이상 피할 수 없는 막다른 지점에 와 있다.

다른 지자체와 차별되는
속살 찾기부터

"공 주무관! 한국의 나폴리, 통영 가보았지?"

"이순신 장군께서 학익진병법으로 왜적을 물리친 그곳 말이지요?"

"통영은 이순신 장군은 물론 세계적인 작곡가 윤이상 등을 관광자원으로 개발해 많은 사람들의 사랑을 받고 있지. 동피랑 벽화마을은 마을자체를 문화콘텐츠화해 관광지로 개발하고…"

"아 그렇군요, 저도 한번 가 보고 싶네요"

공무원들이 지역의 경쟁력을 강화할 수 있는 창조적인 기획을 위해서는 남다른 통찰력을 가져야 한다. 이를 위해서는 평범한 것을 평범하게 보지 않고, 당연한 것을 당연하게 보지 않아야 하는데, 지역의 속살이라고 할 수 있는 인문 및 자연자원을 브랜드 이미지로 끌어내는 기획 능력이 요구된다고 할 것이다.

– 왜(why) 이 지역이 발전하지 못하고 있을까?

– 무엇(what)이 이 지역의 장점과 단점일까?

– 어떻게(how) 해야 발전할 수 있을까?

라는 문제의식을 갖고 다른 도시와 차별되는 인간 · 역사 · 환경 등을 찾아내어 여기에 걸 맞는 컨셉을 도출할 수 있어야 한다는 말이다.

사천시는 한려해상공원의 중심 지역답게 빼어난 자연 경관을 자랑하고 있다. 삼천포항 부근에 있는 선착장에서 유람선을 타고 해안명소를 일주하다보면 다도해의 아름다운 속살이 한눈에 들어온다. 남일대 해수욕장의 코끼리바위, 저녁노을이 황홀한 실안마을의 낙조, 아시아 최대의 공룡 발자국이 있는 인근 고성군의 공룡 화석지까지 천혜의 자연환경을 간직하고 있다.

사천시 공무원들이 이러한 속살을 남다른 시선으로 바라보고 관광정책을 기획함으로써 지역발전의 시너지 효과를 내고 있다.

인문자원을 개발한 사례

'한국의 아름다운 길 100선'에서 선정된 삼천포와 남해 창선을 잇는 언육교는 지역의 관광명소를 자리잡고 있으며 2018년 4월부터 늑도, 초양도 등 다도해의 비경을 감상할 수 있는 해상 케이블카도 본격적인 운행에 들어갔다. 또한 삼천포의 명소인 노산공원(魯山公園)에는 우리나라의 고유 정서인 '한'을 아름다운 언어로 풀어낸 이곳 출신 시인 '박재삼 문학관'을 설치하고, 은 방울 자매가 노래한 '삼천포 아가씨  〈사진〉' 동상을 설치해 관광객을 모으고 있다.

남해안의 망망대해를 바라보고 있는 삼천포 아가씨는 향토시인 최송량의 시구처럼 '눈물이 구할인 바다를 다스릴 줄 아는' 삼천포 여인의 애잔한 정서를 대변하며 사랑하는 내님의 풍어만선과 안전귀환을 '돌아와요 네~'라고 기원하고 있다.

이러한 속살 찾기는 비록 사천시뿐만이 아니라 다른 지자체들도 앞다투어 개발해 경쟁력을 높여가고 있다.

국내 지자체의 브랜드 개발 사례를 유형별로 보면 익산시와 경주시는 역사문화자원이라는 속살을 활용했고, 춘천과 순천시는 호반과 습지를 모티브화 했다. 단오와 판소리의 고장 강릉과 전주시도 오랜 전통 축제를 바탕으로 차별화된 이미지를 형성했다.

충청북도 옥천군이 '옛이야기 지줄 대는 실개천이 휘돌아 나가는 곳'에 '정지용 시인의 집'과 '문학관'이 있기에 정지용생가~장계관광지~금강유원지를 잇는 50.6㎞의 '향수 100리길'을 개발한 것도 지역 속살 찾기의 좋은 사례다.

지역의 단점도 속살이 될 수 있다. 군사보호구역으로 겨울이면 '지독한 한파'로 강바닥이 얼어붙어 할 것이 별로 없는 지역에 '산천어 축제'를 만들어 지역경제를 회생시킨 강원도 화천의 경우 세계적인 이색축제를 즐길 수 있는 관광명소로 각광을 받고 있다. 이러한 속살 찾기 경쟁 때문인지 강원도 강릉시와 전라도 장성군의 홍길동 저작권 소송처럼 역사적 인물에 대한 지자체간의 원조논쟁으로 번지기도 하는데 지역부흥의 관점에서 선의로 보아야 하지 않을까? 결국 공무원들이 지역의 민낯(속살)이라고 할 수 있는 고유한 역사와 전통·민속·산업·시설·생태환경과 같은 유·무형 자산을 관광 자원화 함으로써 지방의 경쟁력을 배가시킬 수 있다는 기획적 신념에 기반한 것이다. 이를 적극적으로 발굴하기 위해서는 공무원들이 지역의 장점(기회)뿐만 아니라 단점(위기)도 지역 발전의 시너지가 될 수 있다는 인식과 발상의 전환이 무엇보다 필요하다.

향토애를 바탕으로
브랜드 축제를 개발하라

"공 주무관! 공무원들의 통찰력은 어디에서 나올까?

"내가 근무하고 있는 지역에 애착을 가질 때 가능하지 않을까요?

"그렇지 지역경제를 살린 대표적인 브랜드 축제들이 이러한 배경하에서 탄생한 것이 아닐까?"

지방을 살리기 위해서는 '누가 무엇을 기획해야 할까?'에 대한 해답은 각자도생(各自圖生)이겠지만, 공무원의 향토애 깊은 브랜드 축제가 '지역을 바꾸고 대한민국을 바꿀 수 있다'는 게 필자의 생각이다.

공자의 논어 옹야편에 '아는 것은 좋아하는 것만 못하고, 좋아하는 것은 즐기는 것만 못하다'(知之者不如好之者요, 好之者不如樂之者니라.)는 말이 있다. 필자는 여기에 '樂之者不如愛之者'를 추가하고 싶다. '즐기는 것은 사랑하는 것만 못하다'는 말이다.

필자의 생각도 지방공무원들이 남과 다른 눈을 가질 수 있는

43

통찰력이 바로 '애정'이며, 지역에 대한 애향심, 사물에 대한 애착, 주민에 대한 애정이 체화될 때 스토리가 살아있는 남다른 기획력이 발휘될 수 있지 않을까 한다.

'남다른 애정이 지역을 바꿀 수 있다'는 확신으로 나비축제를 주도한 함평군 이석형 전 군수와 '청보리밭 축제'를 기획한 고창군 김가성 팀장의 '향토자원을 매개로 한 브랜드 축제 개발 성공사례'는 공무원들에게 귀감이 아닐 수 없다.

함평 나비축제

우리나라 에코축제의 대명사는 '함평 나비축제(Hampyeong Butterfly Festival)'라는 인식이 성립되고 있다. 이러한 호평의 이면에는 당시 총감독인 이석형 함평군수, 조연출 군청공무원, 찬조 출연 곤충연구소의 향토애 깊은 탁월한 기획력이 있었다.

이석형 씨는 KBS PD 시절부터 '내 고향 함평으로 돌아가서, 고향을 살려보겠다'는 애향심이 강렬했다. 그는 41세의 젊은 나이에 지방자치단체장이 돼 연거푸 3선을 연임하면서 함평을 튼튼한 반석위에 올려놓았다. 그가 군수에 취임해 군청 뒷산에 올라가 함평천을 바라보면서 가장 먼저 생각한 것이 지역축제를 통한 관광활성화였다. 3無(천연자원, 관광자원, 산업자원) 지역의 단점을 파악하고 돌파구를 찾기 위한 고뇌에 찬 결단이었다. 함평군청 직원들의 설문결과 유채꽃 축제가 좋겠다는 의견이 다수였으나 제주도가 저작권을 독점하고 있는 실정에서 '꽃에 나비'라는 연상으로는 아무리 잘해도 2등밖에 할 수 없다는 생각으로 '나비와 축제'를 결합해 '나비축제'를 기획한 것이다. 그의 '기획적 사고와 과감한 실행력'이 나비축제를 세계의 축제로 성공시킨 비결이라고 할 수 있는데, 공무원들의 기획력 향상에 도움이 될 수 있는 다음 다섯 가지를 그의 강연 자료 등을 참고해 요약해 봤다.

첫째, 향토애 깊은 농학도 출신으로 농촌 전문가였다. 그가 함평사랑으로 똘똘 뭉쳐진 농촌출신으로 전남대학교에서 농학을 전공한 농학도이자, 농어촌 담당 PD경력으로 현재의 농업이 양이 아닌 질이라는 측면에서 친환경 축제를 생각해 낸 것이다.

둘째, 뛰어난 직관의 소유자였다. 현장행정을 몸소 실천하는 그가 군청뒷산에 올라 함평천을 바라보면서 축제발상을 시도한 것은 평범한 것을 평범하게 보지 않은 예리한 관찰력에 기인한 것이었다.

셋째, 강력한 실행력을 갖춘 리더였다. 나비축제를 위해 곤충학 박사를 곤충연구소장에 임명하고, 이곳 주민과 공무원들을 움직여 나비축제를 과감하게 실천에 옮긴 것이다.

넷째, 탁월한 창조경영가였다. 그는 KBS 농어촌담당 PD답게 그 누구도 생각하지 못했던 분야를 '나비이야기'로 끌어내는 능력이 있었던 것이다. 시골의 들판을 나르는 나비의 춤사위를 보면서 어른들은 동심으로 돌아가고 아이들은 신기한 자연체험을 할 수 있는 스토리(Story)로 만들면 성공할 수 있다는 확신으로 축제 개발에 밤낮없이 매달렸던 것이다.

다섯째, 미래지향적 사고의 소유자였다. 그가 나비축제를 기획하면서 나비전시관, 나비 날리기, 희귀나비 전시관 설치 등을 직접 구상했고, 곤충학회 등과 함께 세계 나비엑스포로 콘텐츠를 확장시켰다. 지구온난화 등 기상이변으로 농촌의 수입도 불확실성(uncertainty)이 증가되고 있는 상황에서 가난한 농촌이 부흥할 수 있는 블루오션(blue ocean)은 이길 뿐이라고 생각했기 때문이다.

필자가 나비 축제현장을 갔을 때도 지역주민과 군청공무원들의 축제 사랑에는 남다른 요소들이 있었다. 주민들이 앞장서 자원봉사를 즐겁게 하고 있는 것은 물론이고 축제를 전담하고 있는 조직뿐만 아니라 군청 전 공무원들이 축제 가이드의 역할을 하고 있었는데, 이들은 딱딱한 이미지가 아니라 해외판로를 개척하는 기업가요, 경영인의 모습이었다. 이러

한 노력 덕분에 매년 5월 초 열흘 남짓인 축제 기간 동안 30만 명이 함평군을 찾고, 연간 300만명이 이 지역을 방문한다. 전 국에 알려진 친환경 이미지 덕에 쌀, 한우 등 함평이 생산하는 농·특산물을 찾는 사람도 늘어 농가소득 증대에도 한몫하고 있다.

청보리밭 축제

고창 공음면의 '청보리밭 축제' 또한 지역의 치밀한 환경 분석 으로 브랜드 이미지에 걸맞는 컨셉을 도출해 지역경제 활성화 에 기여하고 있다는 평이다. 청보리밭 축제를 착안해 약 180억 원의 수익을 창출해 낸 고창군청 김가성 팀장은 아무도 주목하 지 않았던 평범한 보리밭에 애정을 가지고 새로운 시각에서 이 를 스토리로 만들어 성공적으로 관광 상품화시켰다.

고향에 대한 애착이 강했던 김 팀장이 청보리밭 축제 아이디 어를 떠올린 것은 2002년 6월 월드컵 당시 스페인과 파라과이 전을 관람하던 때였다고 한다. "축구장의 잔디밭을 보니까 저 절로 어릴 적 보리밭길을 걷던 생각, 뒹굴던 생각이 나면서 머 리가 번쩍했다"는 것이다. '30여만 평에 달하는 광활한 보리밭 에서 축제를 열면 고향이 그리운 사람들이 많이 찾아오지 않을 까'라는 자신감으로 여러 난관과 고비들을 극복해 나갔다. 다시 말해 이해관계자인 보리밭 주인을 설득하고, 관광객 유치 가능성 등을 면밀히 분석해 성공할 수 있다는 확신을 단체장에게 심어준 것이다.

그 결과 2002년 6월, 1년째 되던 날, 당시 이강수 고창군수가 "그래, 열심히 한 번 해 보게"라고 하면서 '청보리밭 축제' 기획안에 최종 사인을 했다고 한다. 수많은 문제들을 조정하고 타협의 실마리를 찾으면서 값진 정책결정(policy-making)을 이루어 낸 것이다.

서울과 같은 대도시는 기존 도심 형성으로 개발할 토지가 여의치 않아 함평군, 고창군과 같은 에코 축제를 기획하기 어려울 수 있다. 하지만 강서의 '허준 축제', 용산구 '이태원 지구촌 축제', 마포구 '마포나루 새우젓 축제', 관악구 '강감찬 축제' 등과 같이 지역의 전통적인 역사문화자원을 개발해 특색 있는 축제를 기획한 사례도 많다.

3

기획체제를
확 바꿔라

기획부서가 잘 돌면
정책이 생동한다

"공 주무관! 기획부서에 근무한 적이 있다고 했지?"
"기획팀에서 계절별 종합대책 담당을 했어요. 그런데 지자체 관점에서 각
부서의 계획들을 종합하고 조정하는게 힘들었어요."

시군구의 조직기구표를 보면 기획부서 명칭이 기획재정국처
럼 '국' 단위에 있기도 하고 기획예산과, 기획조정실, 기획담당
관처럼 '과' 단위에 있기도 한다. 과 단위에 있으면서도 국 업무
를 총괄하는 선임과(주무과)에 있기도 하고, 차석과에 있기도 하
는데, 주로 기획팀과 예산팀이 함께 있는 경우가 대부분이다.
지자체의 특성에 따라 지역의 성장 동력과 지역개발을 위해 별
도의 전략기획팀을 두는 경우도 있다.

이처럼 지자체장의 의지에 따라 기획부서가 힘을 받기도 하
고 그렇지 못할 수 도 있는데, 필자가 근무하고 있는 관악구는
지식문화국 주무과에 있으면서 '정책실'과 함께 투톱체제로 운

영되고 있다.

지역의 청사진을 그리는 조직

기획부서는 '지역의 청사진을 그리는 부서'인데 조직구성상 말단에 있고 유능한 직원들이 배치되지 않는다면 정책비전 구현이 원활하지 않을 수 있다. 대기업의 경영기획실이 사장단의 직할에 있고 중앙부처의 기획재정부는 부총리가 관장하고 있지만, 일부 지자체의 경우 왠지 그 강도가 약해져 있다는 느낌을 지울 수 없다.

관선시대와 민선시대의 기획환경은 판이 하게 다르다. 관선 시절 시군구의 기획부서가 주로 했던 일들은 중앙에서 시달된 시책들을 집행하기 위한 실행계획서가 대부분이었다.(이 과정에서도 기획력이 필요하지만) 민선시대는 주민의 욕구와 지역특성을 반영한 전략적인 기획이 수반되고 있다. 지역의 성장 동력을 핵심 주체인 지방공무원들이 앞장서 개발해야 하는 만큼 소비자인 주민의, 주민에 의한, 주민을 위한 눈높이에 맞추는 노력이 필요하다. 따라서 많은 지자체들이 비전 실현을 위해 별도의 기획단을 운영하고 있는 것이 민선시대 기획력 강화의 두드러진 특징이라고 할 수 있다. 서울 자치구가 '마을 재생사업기획단' '미래비전 전략기획단' '미래성장 추진단' 등을 만들고, 강원도 동해시가 전략사업단을 둬 미래에너지 신산업발굴과 각종 지역

개발사업을 기획하고 있는 사례 등이 여기에 해당 될 것이다.

그렇다고 각 부서의 기획이 중요하지 않다는 말은 아니다. 지자체의 기획부서에서만 기획을 하는 것이 아니라 각부서 팀 단위에서도 하고 있기 때문에 유기적으로 잘 어우러지는 것이 바람직 할 것이며 전략사업추진을 위해서는 별도의 기획단 운영이 효과적이지 않을까 한다. 하지만 지자체의 기획부서는 전사적인 관점에서 이를 종합하고 조정하고 평가하는 중요한 역할을 수행하기 때문에 기획부서가 힘을 받을 수 있는 위치에 있도록 기구를 개편하고 역량 있는 인재들을 배치해야 한다. 지자체의 리더나 인사담당자들이 이러한 조직시스템을 인식하지 못해 아직까지도 관선시대의 수동적인 기획체제를 유지하고 있다면 지역 발전은 그만큼 지체될 수 밖에 없을 것이므로, 지금이라도 늦지 않았으니 기획환경을 획기적으로 개선해야 한다.

지자체 실정에 맞는 기획책임관을 양성하자

"공 주무관! 기획교육 받은 적이 있나?"
"예! 실무교육을 몇 번 받았지만 구체적인 사례중심의 교육이라면 좋을텐데 하는 아쉬움이 늘 있어요."

현행 지자체의 인재양성기관은 광역자치단체 중심이다. 인재양성을 전담하는 인재개발원(공무원교육원)이 광역자치단체에 있다 보니 기초자치단체의 인재를 양성하는데 한계가 있다. 광역자치단체와 기초자치단체 공히 자치행정업무를 수행하고 있다. 하지만 광역자치사무는 정책중심이고, 기초자치사무는 실행중심의 일이 많은데 구분없이 획일적인 교육이 이루어진다면 교육효과는 반감될 것이다.

기초 자치단체의 경우 재정적 여유나 제도적 뒷받침이 미흡하다 보니 정부나 광역지자체에 공무원 위탁교육을 하는데 왠지 겉 돌고 있다는 느낌이다. 필자가 사이버기획교육을 수강해

보았는데, 새내기공무원이든, 7~8년이 된 초급공무원이든, 15년 이상을 한 중견이든 직원들의 잠재능력을 끌어내기에는 한계가 있을 수 밖에 없다는 생각이다. 부연하자면 직원들이 기획에 대한 부담감으로 교육을 신청하지만, 해당지자체의 기획환경이 반영된 사례중심 보다는 기획 이론중심이다 보니 실제업무에 제대로 활용하지 못하고 있다. 정작 '기획 잘 할 수 있을까'라는 기대감에 신청했는데 '이거 뭐야, 내가 바라는 교육이 아니잖아!'라고 한다면 그 효과는 반감될 수 밖에 없다.

사내강사를 활용하자

따라서 지방행정을 조력하고 있는 행정안전부에서 시도단위인 광역자치단체에서 모든 인재를 양성해야 한다는 인식에서 벗어나 지자체 실정에 맞는 사내강사제도를 도입할 필요가 있다는 것이다.

아직까지 완전히 정착되지 않았지만 공공언어 환경을 개선하기 위해 지자체 단위에 '국어책임관 제도'를 시행하고 있는 것처럼 직원들의 기획력을 향상시기기 위해 '기획책임관'을 양성하는 것이 어떨까 한다. 자지체 각부서의 초급간부들을 기획인재로 양성해 지역실정에 맞는 기획교육을 한다면 직원들의 기획력이 훨씬 더 향상될 수 있을 것이다. 기획에 관한 지식을 강사가 주입하는 교육이 아니라 수강생들이 창의적이고 열정적이라는 전제하에, 내적동기를 유발할 필요가 있다. 즉 '강의'가 아니라 수강생들이 공감하는 맞춤식 '학습'이 필요한 것이다.

자신이 몸담고 있는 행정환경이나 지역의 특성을 반영한 정책사례들을 중심으로 강의를 하게 되면 '아 이렇게 기획하면 되겠구나! 저렇게 해결하면 되겠구나!'라고 고개를 끄떡일 수 있지 않을까?

강사가 기획에 관한 지식을 가르친다(나는 많이 알아요!)라는 일방적, 주입식에서 벗어나 함께 경험했던 정책 사례들을 공유함으로써 공감을 이끌어 낼 수 있도록 해야 한다는 것이다.

제아무리 장밋빛 지역발전구상(대학가를 중심으로 실리콘 벨리로 조성해야 한다, 스마트 시티를 조성해야 한다 등)이 있다고 하더라도 직원들의 기획능력이 부족해 이를 구체화하거나 실행하지 못한다면 빛 좋은 개살구에 불과하다.

일본의 토요타 자동차 회사가 지속적으로 성장할 수 있었던 바탕에는 사내팀장 이상의 간부들을 기획강사로 양성해 소속 사원들에게 사례중심의 차별화된 교육을 통해 직원들의 잠재능력을 끌어낼 수 있었기 때문이다.

시군구단위 인재개발원 설치해야

기획책임관제도가 단기적인 대책이라면 장기적으로는 기초지자체(시군구)에서도 자체 인재개발원을 설치하는 방안을 검토해 볼 만하다.

지자체의 행·재정 여건상 어려움이 있다면 광역단위처럼 대규모 인재개발원이 아니라 권역별 내지 소규모 인재개발원을 설치해 지역실정에 맞는 교육프로그램을 운영함으로써 기획력 향상에 도움이 될 수 있을 것이다. 이와 더불어 인재를 양성하기 위한 기초지자체의 '학습지원 환경'도 획기적으로 개선돼야 할 것이다.

현재 광역지자체의 경우 소속직원들에게 외국유학의 기회를 제공함은 물론 외국 도시 파견근무 등의 기회를 다수 제공해 경쟁력을 강화하고 있는데 반해, 기초자치단체의 경우 재정사정상 인재양성은 전혀 그렇지 못하고 있다. 직원들이 국내 대학원에 입학해도 매 학기 학자금의 10% 정도를 지원하고 있는 열악한 현실(지자체 사정에 따라 차이가 있으나 대부분 자비로 충당)에서 보다 심화된 전문 지식을 체득하기 어렵다.

지자체가 시행된 지 20년이 넘었지만 진정한 의미의 자치분권은 이루어지지 않은 채 중앙과 광역중심에 치우치고 있는 실정인데, 기초와 광역자치단체에서 승진한 동일한 4급 서기관이라 할지라도 군(郡)의 부군수는 광역에서 승진한 서기관이 차지하고 있는 현실이 이를 잘 말해 주고 있다.

자치행정권의 제약 과감히 개선해야

이른바 자치행정권의 제약인데, 지방자치법 제166조 1항을 보면 중앙행정기관의 장 또는 시·도지사는 지방자치단체의 사무에 관해 조언 또는 권고하거나 지도할 수 있기 때문이다. 진정한 지방자치는 지자체의 자기결정권과 자기책임성을 키워가야 하는데 이러한 규정은 지방자치의 근본정신과도 배치된다. 결국 자치 행정권은 말뿐이며, 기초지자체는 재정지원 등의 불균형에 대해 문제제기를 하고 있으나 개선되지 못하고 있는 실정이다.

지방자치제를 하면서, 국세 대 지방세 비율 80:20, 서울시세 대 자치구세 비율 85:15라는 게 과연 타당한가? 다시 말해 '눈치 보면서 떡 먹고 있는 식'이라고 할 수 있다. 이제 지방분권의 이념을 보다 명확히 명시하고 지방자치법을 포함해 자치행정을 지나치게 제약하는 국가의 법령들도 정비해야 한다. 현재 중앙과 광역 중심으로 돼있는 '인재양성 자치'를 비롯해 '재정자치' '인사자치'의 권한을 기초지자체에 과감히 넘겨주어야 한다.

치열한 경쟁을 뚫고 들어온 유능한 공무원들이 자신의 기획능력을 지속적으로 발휘할 수 있도록 기초자치단체에서도 차별화된 인재교육으로 이를 뒷받침 해 나가야 하며, 이들이 꿈과 희망을 가지고 근무할 수 있도록 행정안전부에서 보다 적극적인 인재양성 지원 연구가 필요하다.

공무원들에게 회자되고 있는 비속어 중에 하나가 공직사회는 '유능한 인재가 들어와 무능한 둔재로 전락하는 곳'이라는 말이다. 유능한 인재를 평범한 인재로 전락시켜서는 안 될 것이며, 유능한 인재를 슈퍼인재로 양성해야 지방자치비전이 실현될 수 있다.

소통없는 상의하달회의
바꿔야 한다

"공 주무관! 조선시대 상소제도에 대해 들어본 적이 있나?
"예 임금과 신하가 조정에 모여 위민 爲民 의 본질을 논하는 부분에서 느낀
점이 많습니다"
"대화와 소통은 시대를 초월하는 가치가 아닐까."

　조선은 상소(上訴)제도를 두어 왕과 백성간에 소통 했고, 왕과 신하가 격의 없이 활발한 공론의 장을 마련함으로써 위민이 이루어졌다. 왕의 일방적인 지시가 아니라 정3품 이상의 관리들이 자신의 주장을 굽히지 않는 간청이 많았는데, 당상관 이상의 신하들이 참석하는 경연과 조회를 비롯해 다양한 형태의 회의 자리가 제도적으로 마련돼 있었다.

　조선 500년을 이어온 비결이 백성과 신하가 언제든지 임금께 상소할 수 있도록 하의상달(下意上達)의 소통 문화에서 비롯된 것이 아닐까 할 정도로 각종 정책 현안들이 기획되고 조정되었던

것이다. 특히 관리들의 부조리를 발본색원하고 신상필벌로 다스려 나라의 기강을 다잡는데도 일조했다. 일례로 영남의 사림을 대표하는 남명 조식의 단성소(丹城疏)는 조정을 크게 진동시킨 기획 보고서였다. 1555년(명종) 조정에서 내린 단성(경남 산청) 현감 벼슬을 거부하며 올린 상소문인데 부조리한 현실에 대한 문제의식은 지금의 공무원들도 경각심을 가져야 할 부분이라 그 내용의 일부를 옮겨본다.

"(전략)) 나라의 근본은 없어졌고 하늘의 뜻도 민심도 이미 떠나 버렸습니다. 큰 고목이 백 년 동안 벌레에 먹혀서 그 진이 다 말라 버렸으니 언제 폭풍우를 만나 쓰러질지 모르는 지경에 이르렀습니다.(중략)) 낮은 벼슬아치는 아랫자리에서 술과 여색에 빠져 있고 높은 벼슬아치는 윗자리에서 빈둥거리며 뇌물을 받아 재물 불리기에 여념이 없습니다. 오장육부가 썩어 배가 아픈 것처럼 온 나라의 형세가 안으로 곪을 대로 곪았는데도 누구 한 사람 책임지려고 하지 않습니다."

위 상소문에 대해 퇴계 이황 선생은 '임금에게 보내는 상소문인데 지나치게 거칠고 직선적으로 표현하는 것은 예(禮)에 어긋난다'며 적절한 표현수단을 쓰라고 지적했다고 한다. 조선의 정치체제가 붕당정치이고 보면 훈구파와 사림파들이 자신의 계

파나 기득권을 유지하기 위한 정략도 무시할 수 없었다. 하지만 맹장순(孟莊荀)을 비롯한 유학적 지식으로 무장해 허견, 실견과 같은 다양한 정보들을 토대로 치열한 논쟁을 벌였던 것이다. 조선왕조실록을 보면 조선의 대간(大諫)은 왕에게 잘못이 있다면 목숨을 걸고 직언했고, 두 번 세 번이고 자신의 뜻이 관철되지 않으면 미련 없이 사직했다는 기록들이 이를 잘 말해주고 있다.

필자는 조선시대 회의방식은 하의상달의 토의중심이었는데 현대에 와서는 왜 상의하달의 지시중심이 되었을까 곰곰이 생각해 봤다. 아마도 오랜 세월 동안 군부독재가 집권하다 보니 어느 순간 상의하달 지시적 회의로 바뀌어 버린 것은 아닐까? 군사문화의 잔재가 행정의 영역에 스며든 것은 물론이고, 특히 공직사회가 '도덕적 윤리 표준의 척도'로 간주되다 보니 수동식 회의문화에 익숙할 수 밖에 없었다는 생각이다. 부연하자면, 어떤 민원이나 정책문제를 처리하는데 있어 공무원들이 잘하면 칭찬은 잘 안해 주면서 못하면 비판과 책임이 엄하게 주어지니 법과 원칙의 굴레에서 벗어나려고 하지 않는 속성이 그것이다. 설령 갈등이 발생하면 그때 해결하더라도 미리 문제를 쟁점화해 손해 볼 필요가 없다는 것이다. 어떤 사업에 대해 문제점을 보고했는데, 보고한 직원만 책망당하는 회의 분위기라면, 이를 피하기 위해서라도 단순한 보고 위주로 흐를 수 밖에 없지 않을까? 그래서인지 자치단체에서 개최하는 확대간부회의, 읍면동 장회의도 아직까지 그 범주를 벗어나지 못하고 있다. 매월 또는 매주 단위로, 또 필요에 따라서 개최하는 현안회의들이 부서별 직제순에 따라 회의 자료를 보고한 후 지시사항을 시달하면 종료하는 방식에 변화가 필요하다. 각 부서에서 획일적으로 사업계획의 현황과 진도를 보고하는 방식에서 벗어나야 현안을 토론하고 소통하는 진정한 의미의 기획회의가 돼야 하지 않을까?

브레인스토밍 4원칙

우리가 어떤 물체나 대상을 자신만의 한정된 시각이나 지각으로 인식하게 되면 문제를 재해석하는데 장애가 된다. 이를 개선하기 위해 자유로운 분위기 속에서 대화하고 토론하는 방식이 '브레인스토밍(brainstorming)'이다. 두뇌폭풍(brain storm)이란 뜻으로 1941년 미국의 광고회사 부사장 알렉스 F 오즈본(AlexF. Osborne)이 제창했으며, 이 창의적인 사고기술은 그의 책 '독창력을 신장하라'에 소개됐다. 필사가 기획부서 7급 주무관으로 있을 때 운용해 본적이 있는데 브레인스토밍의 원칙을 잘 이해하지 못한 상태에서 소기의 성과를 거두지 못했다.

따라서 좋은 제안 발굴을 위해서는 비판엄금, 자유분방, 질보다 양, 편승환영과 같은 '브레인스토밍 4원칙'을 잘 활용해야 한다는 것이 기획전문가들의 주장이다.

첫째, 해당 분야와 관련이 있는 직원들을 참여시켜 어떤 아이디어를 내든지 평가를 하지 말고 상상력을 발휘할 수 있도록 응원하고 장려하는 것이다. '그래 그 말이 일리가 있어, 굿이야~'라는 식으로….

둘째, 마음 가는대로 말하도록 해야 한다. 중간에 말을 자르지 말고 전혀 다른 말이 나오더라도 일단 받아들여야한다. '다음이 궁금해 지내, 계속해~'라면 직원들의 눈동자가 반짝 반짝 빛날 것이다.

셋째, 많이 말하게 되면 거기에서 어떤 착상이 형성될 수 있다. 조개를 많이 주우면 진주가 있을 확률도 높아지는 것과 마찬가지다. 상급자들이 부하들의 제안에 대해 '와 아이디어 좋은데~'라고 배려한다면 신이나 계속 할 것이다

마지막으로 도출한 내용을 잘 조합할 수 있어야 한다. 한 가지 사실을 다른 사실과 결합하다보면 전혀 다른 화학작용이 일어날 수 있다. "잘 엮어보니 그럴 듯 한데~"라고 말이다. 한편, 이러한 아이디어는 신기루처럼 사라지기 쉬우므로 철저히 기록해야 한다.

이상의 4가지 원칙을 브레인스토밍 활성화 환경이라고도 하는데 처음에 목적과 주제, 배경지식을 설명하는 사고의 워밍업으로부터 시작해 한 사람당 3분 이내로 1시간이 넘지 않도록

토론하면 좋은 결과를 얻을 수 있다.

관점이 다르다고 비판하지 말라

직원들의 아이디어는 상사들이 바람막이 역할을 잘 해줄 때 땅속 김칫독에서 김치가 맛있게 발효되듯이 숙성된 시책으로 태어날 수 있다. 괜히 무슨 말을 하면 '에이 시시해' '그건 말도 안 되지'와 같이 배척해 무안을 당하거나 무시당할 것 같은 분위기라면 브레인스토밍의 새싹은 자라기 어렵게 된다. 혹시 싹을 틔웠어도 이내 시들어 버리고 말 것이다.

'감히 이런 발언을 해'라는 식의 권위주의적 회의문화라면 방관자적 마음이 될 수 있기에, 직원들이 발언하고 문제를 제기하는 노력들에 대해 비판적으로 보지 않는 태도가 필요하다. 아직도 일부 상사들이 부하들의 건강한 의견을 묵살하고 과거의 편리한 일방향식 의사결정구조를 고집한다면, 이러한 고정관념에서 벗어날 수 있어야 된다. '혹시 내가 하는 말이 거부당할까봐' 입을 닫게 된다면 창의적 사고는 물 건너 간 것이나 마찬가지다.

아무리 수직적 서열을 근간으로 하는 특별권력관계라 하더라도 공무원들의 토론문화가 자유로운 봉숭아학당이 돼야 하는 것은 풀뿌리민주주의 시대의 당위적 가치가 아닐 수 없다.

≫ 신뢰할 수 있는 자질을 갖추어라

≫ 부단히 학습하고 생각하라

≫ 고수의 지름길 기본을 튼튼히

II

기획 고수
이렇게
체득하라

1

신뢰할 수 있는
자질을 갖춰라

작은 일이라도
공직윤리를 우선한다

"공 주무관! 조선시대 관리들의 직업윤리는 어떠했을까?"
"과장님! 조선시대 과거시험에는 인륜의 가치를 논한 사서오경이 있었는데 수백년이 지난 현재의 공무원시험에 윤리의식을 평가할 수 있는 객관적 기준이 없다는 것은 아이러니가 아닐까요?"

기획력에서 공직윤리(公職倫理)는 무엇일까? 공무원들이 기본적으로 지켜야 할 도덕적 규범으로서 공정성과 청렴성, 책임감과 사명감 등이 이를 관통하는 핵심단어일 것이다. 기획이 실행을 전제로 한다는 점에서 공직윤리가 뒷받침되지 않으면 업무의 기획과 집행과정이 왜곡되고 부실하게 돼 당초의 목표를 달성하기 어렵다. 이는 자치행정 전반에 해당될 것이며 전통적으로 부조리 개연성이 많은 계약 · 건축 · 토목 · 인사 · 세무 · 인허가 등에서의 공직윤리는 철저해야 한다.

일례로 재무기획을 담당하는 공무원이 경쟁계약(競爭契約,

Competitive Contract)이라는 정해진 절차를 무시하고, 수의계약(隨意契約)으로 특정업체를 지정했다면 계약의 공정성과 투명성 확보라는 목표를 달성할 수 없을 것이다. 또한 인사기획을 담당하는 공무원이 '일'보다 '연고'(지연, 학연, 혈연) 중심의 인사를 했다면 공정한 인사원칙의 목표는 멀어진다. 건축직·토목직 공무원이 건설업체의 부실공사를 눈감아 준다면 '주민안전을 위한 건축물 내지 방재시설물 구축'이라는 기획목표를 달성할 수 없을 것이고, 세무직 공무원이 과세권자가 정당하게 부과한 세금을 부당하게 감면해 준다면 주민에게 투자될 복지재원이 그만큼 줄어들게 되는 셈이다. 이밖에 제도적 부작용에 기인한 공직윤리 해이가 발생할 수 있다.

현재 근무시간외 일하는 공무원들에게 지급하고 있는 '초과근무수당'은 저녁시간에 공무원들이 외부식사 후 지문인식 등과 같이 공직윤리에 벗어날 개연성이 있으므로 주무부처에서 여기에 상응한 '정액수당'으로 전환하는 등의 제도적 개선책이 각별히 요구된다. 공직자의 부조리는 지역의 경쟁력을 갉아먹고 주민 삶의 질을 저하시키는 적폐이기에 반드시 척결해야 한다.

왜 이 지경이 되었을까?

진도 맹골수도(孟骨水道)에 가라앉은 세월호가 침몰한지 1073

일 만에 인양되면서 당시의 처참했던 선체의 모습에 국민들의 착잡한 심경은 이루 말로 표현하기 어려웠을 것이다. 주민의 안전과 생명이 직결돼 있는 고도의 공공성을 필요로 하는 일인데도 불구하고 수익지상주의라는 상업성에 매몰된 해운회사의 총체적 부실을 방관하면서 화를 키웠기 때문이다. 수백명의 탑승객을 태운 여객선을 얼렁뚱땅 운행해서 되겠는가? '최대다수의 최대행복'을 부르짖었던 공리주의자 벤덤과 밀이 최대 불행이 된 이 사건을 저승에서 봤다면 과연 무슨 말을 했을까? 아마도 혀를 끌끌 차며 "저런 엉터리 같은 나라에 국민들이 살다니?"라고 말했을 것이다.

공무원들이 공직윤리에 기초해 자신의 업무를 공정하고 성실하게 기획하지 않는다면 또다시 세월호 같은 사고가 재발 될 수밖에 없을 것이다. 따라서 부단한 혁신을 통해 해결해야겠지만, 법과 제도로 모두 통제할 수 없는 한계 때문에 사각지대가 늘 존재하기 마련이다. 특히 개인의 소양과 양심이 갖추어지지 않은 공직자의 비윤리적 행위는 정책기획과정을 왜곡시킨다는 사실이다.

공직윤리가 좋은 정책을 좌우하는 핵심이므로 공무원 각자가 엄격한 자기통제 기준을 적용하는 박기후인(薄己厚人)은 물론 매사에 신독(愼獨)하는 자세가 각별히 요구된다고 할 것이다. 유교 경전인 대학에서는 행정 관료의 기초적인 수련 요건을 단계적으로 명시하고 있는데 격물(格物), 치지(致知), 성의(誠意), 정심(正心), 수신(修身), 제가(齊家), 치국(治國), 평천하(平天下)로 돼 있다. 이 중에서 공직윤리의 가장 기본이 뜻을 성실히 하는 '성의'와 마음을 바르게 하는 '정심'이다. 공무원들은 이러한 도덕적 가치관을 가슴깊이 새겨 자치행정을 공정하게 기획하고 수행해야 할 것이다.

tip 놀라운 성과는 진정성이다

심리학에 '미켈란젤로 동기(Michelangelo Movie)'라는 게 있다. 미켈란젤로가 시스틴(Sistine) 성당에 4년 간 아무의 도움도 받지 않고 343명의 인물이 들어간 천정벽화를 한 획, 한 획 혼을 넣어 붓칠을 했다. 한 친구가 "그래봤자 누가 알겠는가?"라고 하자 미켈란젤로는 "내가 알지"라고 대답했다. 누가 보든, 안 보든 성령에 임하는 맑고 성실한 직업윤리와 그의 치열한 예술ㅈ정신이 벽화 속에 고스란히 베여 걸작으로 평가받을 수 있게 된 것이다. 자각이 없고 영혼이 없는 공무원들이 가슴깊이 새겨야 할 불멸의 진리다.

열정은 기획의 약
안주는 기획의 독

> "공 주무관 열정이라는 말에 공감이 가는가?"
> "예! 매사에 열정을 가지게 되면 긍정적 행동과 긍정적 결과로 이어지게 된다는 말 아닐까요"

인간에게 외경의 대상인 히말라야 14개 봉우리를 화폭에 담기 위해 목숨을 건 등정을 마다하지 않는 곽원주 화가의 TV방영 '히말라야를 그리다'는 필자에게 깊은 감동으로 다가왔다.

히말라야가 어떤 산인가? 2015년 12월에 개봉한 황정민(엄홍길 역) 주역의 '히말라야' 영화의 줄거리에서 잘 나타나고 있다.

해발 8,750 미터 히말라야 에베레스트 데스존, 인간의 접근을 허락하시 않은 신의 영역…. 그곳에 우리 동료가 묻혀있다.

(중략)

열정이 굿 플래닝으로

누구나 처음부터 히말라야를 오를 수 없을 것이다. 주말이면 늘 자기 몸무게만큼이나 큰 배낭을 짊어지고 전국의 산을 누볐기에 가능한 일이었으며, 무엇보다 나는 잘 할 수 있다는 '열정'으로 낮은 산에서 조금씩 높은 산으로 오르면서 길 찾는 기술, 눈과 얼음 위를 안전하게 걷는 법, 날씨 보는 법 등의 실행을 연마해 왔기 때문일 것이다.

보통사람이라면 히말라야의 험준한 산을 오르는 것도 힘겨운 일인데, '비경을 그릴 수 있게 해준 신께 감사를 드린다'며 뜨거운 눈물을 흘리던 산꾼화가 故 곽원주 씨의 열정은 감동이 아닐 수 없었다. 그의 신념 앞에는 그 무엇도 장애물이 될 수 없을 것이라는 사실이다. 이런 직업정신이라면 천의무봉하고 변화무쌍한 히말라야의 신비를 담아 낼 명산수화가 탄생할 것임은 자명하지 않을까?

필자와 함께 근무했던 히말라야를 사랑하는 두 명의 공무원 또한 이와 같은 사람이었다. 관악구청 산악회장 이었던 김택영 씨는 '지식나눔 발표회'에서 고산병으로 자신의 입이 부어터시고, 체력이 고갈되는 고통 속에서도 굳이 비싼 경비를 들여 안나푸르나 7,000m 이상의 히말라야 봉우리를 찾게 되는 이유가 자신이 좋아하는 일에 대한 꿈과 열정 때문이라고 했다.

사천시청 산악회 김봉호 대원도 그런 사람이었다. 2016년 5

월 그가 네팔 북 중앙에 위치한, 세계 7위 고봉인 히말라야 다울라기리 산(Mt.Dhaulagiri, 8,167m)을 등정하는 모습을 TV방송을 통해 보았는데, 그가 인터뷰 하는 모습은 행복 그 자체였다. 하지만 견고한 등반실력은 평소 남다른 노력과 열정이 뒷받침 되었기에 가능한 일이었다.

No 보다 Yes

내가 정책을 기획함에 있어 어떤 마인드를 갖느냐의 문제인데, 그 어떤 어려운 환경 속에서도 부단히 정진하면서 매사에 열정(熱情)을 가지고 긍정적으로 임하는 공무원은 기획성공자가 될 것이다. 그렇지 않고 현실에 안주하면서 부정적으로 임한다면 기획실패자가 될 것이다.

자치행정은 스스로 발전하는 것이 아니라 그 핵심주체인 공무원의 열정이 만들어 가는 것이다. 미국의 한 레스토랑은 '말이 빠른 사람이 열정적이다'는 판단하에 신입사원들을 우선적으로 채용했는데, 10년간 전무후무한 성장을 했다고 한다. 주관적이라는 생각이 들기도 하지만 어떤 일을 함에 있어 아무런 생각 없이 임하기보다는 '내가 기획한다면 잘 할 수 있을 거야'처럼 남다른 열정이 굿 플래닝(good planning)을 가능케 할 수 있다는 의미다.

일본의 어느 도시는 재활용쓰레기가 잘 모이지 않아 '재활용

봉투를 곰 인형으로 만들어 보자'는 열정이 더해짐으로써 많은 쓰레기가 모였다고 한다.

'난 우리동(洞)의 청소대통령이야, 우리지역의 쓰레기는 내가 책임지고 처리하겠다'는 열정을 가진다면, '바로 이거야! 양심 거울을 만들어 무단투기자들이 양심의 가책을 느끼도록 하자!' 와 같은 발상이 불현 듯 떠오를 수 있을 것이다. 포지티브 씽킹 (positive thinking)을 가능케 하는 공무원의 열정이야말로 좋은 기획의 관건이 될 수 있다는 사실과 맥락을 함께 하는 것이다.

기획 내공은 백지에서 나올 수 없다

필자는 행정직으로 30년 이상 근무하면서 홍보전산과, 사회복지과, 재무과, 세무과, 총무과, 건설관리과, 도서관과, 기획예산과 등 10개 이상의 부서에 근무한 셈이다. 그런데 막연히 여러부서에 근무했다는 이유만으로 기획내공이 쌓일 수 있을까? 공무원의 여러 부서 근무경험은 '가공과 변형 조합'이라는 노력과 열정의 과정을 거칠 때 비로소 좋은 정책으로 탄생할 수 있다.

'페이퍼 파워(paper power)'의 저자 김용섭 씨는 "세상의 중요한 일은 모두 문서로 처리된다. 장시간에 걸친 지독한 연습만이 이를 가능케 한다"고 했다. 자신의 경험과 지식을 과신한 나머지 아무런 문제의식 없이 기존의 관행에 얽매여 '자동사고'만을 하는 직원에게 그 누구도 탄탄한 기획체계라는 '내공의 열매'를 주지 않을 것이다. 기획은 공식적인 의사결정 과정으로, 순간의 잘못된 판단이 공익에 막대한 손해로 이어질 수 있기 때문에 과거 관행대로 대충 일을 처리하더라도 문제없을 것이라는 생각은 자만이요, 착각이 아닐 수 없다. 단 한 번도 글 쓴 흔적이 없는 백지에서 위대한 기획이 나올 수 없다. 10년 법칙에 해당하는 공무원이 되기 위해서는 자신의 지식과 경험을 조합하고 변형하는 하이브리드 노력을 게을리 해서는 안 된다.

공무원에게 약방에 감초처럼 따라다니는 말이 '복지부(야)동'이다. 땅바닥에 엎드려서 꼼짝하지 않고 있거나 눈동자만 요리조리 돌리는 부정적 마인드(태도)를 두고 하는 말인데 극복해야 할 과제다. 아무리 오랫동안 공직생활을 했어도 아무런 열정도 없이 '기획이 뭐 그리 중요해, 기존에 하던 대로 하면 되지'와 같은 무기력한 생각에 빠진다면 차별화된 생각은 떠오를 수 없다.

정책학에서 이를 '무사안일주의'라고 한다. 지방공무원들이 위험과 도전이 두려워 매사를 현실에 안주 한다면 아무리 오랫동안 공직생활을 했더라도 자기 발전은 제자리 걸음이 될 뿐이다.

강조하지만, 내가 경험한 다양한 업무를 기획결정자의 관점에서 자신만의 지식체계로 확실하게 정립하려는 부단한 열정이 10년 이상 지속될 때 기획내공이 생길 수 있다는 사실이다. 이러한 노력이 전제되지 않는다면 머리가 화석처럼 굳어버리고 생각의 폭이 개울처럼 좁아져 4차 산업 시대의 흐름을 따라 잡기 어려울 것이다.

사적인 뒷담화보다
공적인 앞담화를 즐겨라

"공 주무관! 사무실에서 업무에 대한 이야기를 얼마나 하나?"

"100을 기준으로 볼 때 20% 정도 인데, 주로 나 혼자 할 수 없는 행사들에 대해 협조를 구할 때가 많아요."

"평소 일을 하면서 느끼는 고민들에 대해서도 더 많은 대화를 나누면 좋을 것 같아. 혼자 생각이 최선은 아니니까 직원들과 이것 저것 말 하다보면 좋은 아이디어가 떠오르기 때문이지."

매니페스토 추진상황보고회를 앞두고 담당자가 전날 각 부서에서 보고할 자료들을 정리해 왔다. 100개가 넘는 실천과제였기에 '취합하는데도 힘들었겠다'는 생각이었는데 자세히 살펴보니 보고 유형 정리에 오류가 있어 보였다. 공약보고 과제가 100개가 넘다보니 구두보고와 서면보고로 분류할 수 밖에 없었는데, 추진 실적이 부진해 구두보고를 빼달라는 공약사항은 모두 서면보고로 분류해 두었던 것이다.

총 100여개의 사업 중 부진사업(미추진사업)이 7개 였는데 1개 부서만 구두 보고대상이고, 나머지 부서는 서면보고로 돼 있었다. 그러다보니 상대적으로 이행률이 미흡한 도시건설 분야의 사업이 구두보고에서 빠지는 문제가 발생했다. 당일 아침에 인지했기에 보고목록은 바꿀 수 없었고 부랴 부랴 해당 부서장이 추가로 보고하는 것으로 보완책을 강구 할 수 있었다.

회의 목적이 공약에 대한 전반적인 진도율을 파악하는 것은 물론이고 부진사업에 대해서는 왜 그렇게 됐는지?(Why so?), 무엇을 해야 하는지?(So what?), 어떤 방안을 강구해야 할지(So how?)를 토의하는 자리인데 구두보고에서 제외했다면 '공약사업 보고회 개최' 목적에 대한 이해가 부족했다고 볼 수 있다. 또한 공약보고회를 주관하는 팀이 이원화돼 부서 보고자료는 공약을 관리하는 팀에서, 총괄보고 PT는 회의를 주관하는 팀에서 작성하다 보니 팀원 상호간에 소통과 협조가 미흡해져 많은 수정을 가 할 수 밖에 없었다.

이러한 일들을 하면서 느낀 것은 기획의 초기단계에서는 나 혼자만의 구상이 필요하지만, 일정한 단계에 들어서는 직원들의 다양한 의견을 구하는 대화가 많은 도움이 될 수 있다는 생각이들었다. 내가 하고 있는 일에 대해 직원들끼리, 또 상사들과 흉금을 털어놓고 솔직하게 질문하고 답변을 구한다면 좋은 아이디어를 제공받을 수 있는데도 그렇게 하지 못하는 경우가 많다는 것이다.

보고, 듣고, 배운 지식으로

흔히 공무원들을 보고 '우물안 개구리'라고 말하는 경우가 있다. 젊은 나이에 공직에 입문해 법과 원칙에 얽매여 일하다 보니 사고가 편협하고 경직돼 있다는 것이다. 아무리 똑똑한 사람도 자신의 귀를 틀어막고 혼자만의 생각에 빠져있다면 좋은 아이디어가 나오기 어렵다. 따라서 작은 일이라도 직원 간의 불통은 기획의 장벽이 될 수 있다.

직원 간에 '사람' 보다는 '일'을 주제로 자주 대화하는 습관을 가져야 한다. 어느 부서에 '누가 음주운전을 했더라! 이혼을 했더라!'와 같은 뒷담화 가십거리는 순식간에 퍼지는데, 서로의 업무에 대해서는 질문과 대화를 잘 하지 않는 소통구조는 바람직하지 않다. 음지에서 '어떤 사람'을 두고 '뒷담화'를 즐기는 직원보다는 양지에서 '어떤 업무'를 두고 '앞담화'를 즐기는 직원의 성공 가능성이 높다.

'공무원은 공무원끼리만 어울려 논다'는 말도 회자된 지 오래다. 우리끼리 이야기 하니 맘이 편할지 모르지만 주민의 삶의 질을 책임지고 있기에 나와 다른 유형의 사람들과 자주 만나 다양한 지식과 정보를 교환하고 소통해야 기획적 사고의 지평을 넓힐 수 있다.

소통이 화두인 시대

내가 일을 함에 있어 직원과 상사를 자꾸만 피하고 자기 혼자 마무리하려는 시각은 결코 좋은 자세일 수 없다. 내가 예산부서에 있으면서 예산편성의 어려움에 직면하고 있다면 기업의 재정담당자와 대화할 수 있고, 타 지자체의 예산담당자와 전화라도 한다면 좋은 재정극복 방안이 나올 수 있지 않을까?

그리스의 철학자 플라톤은 "대화의 본질은 질문이며, 질문을 통해 내재된 지식을 끌어낼 수 있다"고 했다. 난 가끔, 직원들이 새로운 업무를 추진하면서 벽에 부딪칠 때 혼자 끙끙대지 말고 경험이 있는 자치단체를 찾아 직접 발품을 팔거나 그것이 여의치 않을 때는 전화를 해서라도 질문해 보라고 권유한다.

'삼인행필유아사(三人行必有我師)'라는 말도 있지 않은가! 세 사람이 걸어가면 반드시 나의 스승이 있다는 격언은, 서로의 배울 점을 본받기 위해서는 최소한 세 사람이 필요하다는 말이 아닐까 한다. 훌륭한 기획가가 되기 위해서는 상사 동료는 물론 나와 다른 일을 하는 그 누구와도 허물없이 대화하고 소통할 수 있어야 할 것이다.

2

부단히 학습하고
생각하라

기획력이란
교육보다는 학습이다

"공 주무관! 기획고수가 되려면 기획교육을 꼭 받아야 할까?"

"배우지 않은 것보다 낫겠지만 식상하다는 생각이 들어요."

"내말의 진의는 자신의 기획을 업그레이드 시키기 위해서는 자기만의 학습
이 필요하다는 거지."

몇 해 전부터 공무원교육원들이 시대에 걸 맞는 인재를 양성
한다는 취지에서 인재개발원으로 명칭을 바꾸고 있다. 하지만
기획교육은 예나 지금이나 그다지 달라져 보이지 않는다. 내가
근무하고 있는 지역에 어떤 인적, 물적 개발 자원들이 분포돼
있으며 이를 활용해 무엇을 어떻게 기획해야 하는지 등에 대해
자기만의 학습을 통해 좀 더 익숙해질 필요가 있다.

'교육'과 '학습'은 엄연히 다르다. '교육'은 상대의 관점에서 수
동적 개념이고 '학습'은 나의 관점에서 능동적 개념이다. 연극
배우가 대사를 물 흐르듯 외우고 자연스럽게 연기하듯이 기획

역량이 향상되기 위해서는 긍정의 힘으로 쉴 새 없는 학습이 이루어져야 가능하다. 결국 학습은 변화의 시대 생존전략이며 '공부 → 예습 → 학습 → 복습'의 패턴은 기획초보자들이 기획서를 작성하는데 많은 도움이 될 수 있다.

한번 기획은 영원한 기획이 아니다

기획서 중에 관선시절부터 내려오는 '계절별(여름철·겨울철) 종합대책'이란 것이 있다. 필자가 90년대 지방의 시청 기획계에 있을때 중앙(당시 내무부)의 계절별 종합대책을 토대로 자체 실정에 맞게 세부 실행계획을 수립했던 기억이다. 자연과 사회재난에 대비해 수해방지, 제설 및 산불방지 대책, 전염병예방 등 다양한 대책을 망라하고 있는데 해안도시에서는 유·도선 안전사고 예방분야를 포함하고 있다. 관선시대 시책이 지금까지 이어지고 있으니 당시의 담당자는 미래지향적 혜안을 가진 기획자였다고 할 수 있을 것이다. 그런데 문제는 현재까지 이러한 대책이 존재하고 있음에도 세월호 같은 재난을 막지 못한 이유는 뭘까? 그 원인을 분석해 보면 여러 가지가 있겠지만 공무원들의 기획 인식강화에 대한 학습부족도 문제요인으로 지적할 수 있는데 '무엇을(What) 왜(why) 어떻게(how) 해야 하는지' 몰랐던 것이다. 필자의 생각으로는 유·도선(遊·渡船)에 대한 종합대책은 과거 지향적이었고, 정태적이었다는 결론인데, 최초에는 좋은 기획이었지만 후임자들이 시대의 흐름에 맞게 보완 발전 시키는 기획적 노력을 소홀히 했기 때문이다. 공무원들이 긍정적인 기획학습에 익숙해 있었다면 여기에 걸 맞는 예방대책을 꾸준히 강구하지 않았을까! 하는 아쉬움이다. 전임자와 차별화될 수 있는 기획력으로 계절별 종합대책을 수립하는 기획환경이 이어졌다면 세월호에 승선한 젊은 학생들이 소중한 목숨을 잃지 않았을 것이다.

지방행정을 둘러싼 내외부환경이 부단히 변화하고 있는데도 과거의 패턴만을 고집하는 전례답습적인 기획이 엄청난 재앙이 돼 돌아온 것이다. 한번 기획이 영원한 기획이 아닌데도 해당 업무 담당자들이 과거의 기획에 대해 아무런 수정도 없이 매년 베끼기만 해 왔기 때문이다.

'교육은 백년지대계(敎育百年之大計)'라고 한다. 교육이 사람에게 지혜를 주고 그 지혜가 세상을 바 꿀 수 있다는 의미인데, 필자는 한걸음 더 나아가 '학습(學習)으로 백년지대기(百年之大企)'해야 공무원들이 정책오류의 어두운 터널에서 빠져나올 수 있다고 생각한다. 그렇다고 맹목직으로 학습만 하면 주민의 삶의 질이 향상될 수 있을까?

기획력을 향상시키는 학습 방식

고등학교 때 공부를 잘하는 학생과 못하는 학생을 분석해 보면 '누가 오래 하는가?'라는 엉덩이 싸움도 중요하지만 결국은 공부하는 방식의 차이다.

바둑고수 '조훈현 고수의 생각법'에 나오는 내용이다. "세상에 해결하지 못할 문제가 없고, 생각은 반드시 답을 찾는다. 자신만의 수법을 쌓아야 승리할 수 있다." 맹목적으로는 안 된다는 말이다. 기본적인 개념과 원리를 체계적으로 이해하고 이를 응용하는 학생과 그렇지 않은 학생과는 성적에서 차이가 날 수밖에 없다.

기획에서 '현상과 문제' '의견과 사실'을 정확하게 구분하는 것은 기획의 성패와 직결되는 사항인데도 공무원들이 이를 제대로 이해하지 못한다면 되겠는가.

어느 단체장으로 부터 시민단체가 수여하는 시상식에 '가야 할지' '말아야 할지'를 검토하라는 지시가 떨어졌다. 담당자가 종합적으로 판단해 보고하면서 사전에 단체장이 외국출장이 잡혀 갈 수 없다는 것은 사실(fact)이라고 할 수 있다. 하지만 해당 시민단체의 활동이 미약해 또는 사회적 권위가 없어서 갈 수 없다고 한다면 사실(fact)이 아닌 주관적인 견해다. 직접 활동 상황을 파악해 본 것도 아니고 단순히 잘 알려지지 않았으니 '그럴 것이다'고 주장하는 것은 본질을 왜곡할 가능성이 있다. 기획이 학습돼야 하는 이유다.

공무원들은 어떤 사업과 정책이든 늘 객관적 사실을 근거로 기획서를 작성하는 습관을 들여야 한다.

주관이 객관으로 둔갑한다면

'우리 아버지가 술을 매일 한 병씩 마셨는데도 아흔 살까지 살았다'고 해서 '술이 국민들에게 해롭지 않다'고 말하는 것이 객관적 사실일까. '그러할 것'이라는 추측을 가지고 결론을 도출하거나, 비논리적인 결론을 도출해 논리로 포장하는 것도 삼갈 일이다.

어떤 신뢰할 수 있는 공적자료를 기초로 한다거나 사회적으로 용인된 사실(fact) 등을 근거로 '사실기반사고(Fact Based Thinking)'를 할 수 있어야 한다. '성급한 일반화의 오류'는 불충분하고 부적절한 한두 가지 증거로부터 성급하게 일반적인 결론을 이끌어 낼 때 발생한다. 직원들이 종종 충분한 인식과 원인분석이 이루어지지 않은 상태에서 성급하게 해결책을 들고 나오는 경우가 있는데, 그 해악은 당장 주민에게 미치므로 발효된 된장처럼 숙성되는 과정이 필요하다.

교육은 학습의 도구이지만 여기에 전적으로 의존하는 것은 한계가 있으므로 '내 스스로의 기획력 학습이 어떠해야 하는가'를 자문해야 한다. 자신의 지식과 정보를 효과적으로 활용하는 연습은 물론, 책에서 배운 지식을 토대로 어떤 이미지를 떠올릴 수 있는 생각 쌓기를 부단히 하고, 이를 조합해 보편타당하면서도 혁신적인 언어구조로 가공할 수 있어야 한다. 내가 복지담당 공무원일 경우 보편적 복지, 선별적 복지, 클라이언트, 감정이입, 슈퍼바이저, 자원봉사, 통합사례관리, 재가복지 등과 같이 자신만의 언어목록을 만드는 것이 필요하다.

기획력이란 주입식 교육을 통해 길러지는 것이 아니라 장기간의 경험과 학습에 의한 내공이기 때문이다. 어떤 사안에 대해 보다 큰 틀에서 전체를 부분으로 나누기도 하고, 부분을 전체로 맞추기도 하면서 평범한 것을 남과 다르게 볼 수 있는 관점을 키워야 한다. 자신의 업무 분야에 일가견을 이룬 기획고수들은 오랜기간 다양한 방법으로 생각정리를 해 온 사람들로서 비언어적인 직관까지도 단련시켜 척 보면 알 수 있는 '통찰'

까지 몸에 베여 있다고 하겠다.

≫ 샘이 깊은 물은 마르지 않는다

기획력이란 단순한 지식의 총화가 아니라 지식 있는 사람보다는 지혜로운 사
람, 사실을 안다는 것보다는 사실을 다룰 줄 아는 사람을 말한다.

보고 듣고 생각하는
육감공부를 하라

> "공 주무관! 필기구와 백지만 있다고 기획이 될까? 소설가가 작품을 쓰기
> 위해서는 자료를 찾고, 현장을 보고, 이야기를 듣고 사색을 하듯이 오감이
> 중요하지!"
> "과장님! 오감 五感 은 들었는데 육감 六感 은 또 뭐예요?"
> "육감이란 사전적 정의에는 '초감각적인 지각'이라고 정의돼 있지만 오감을
> 통해 전해지는 감각에 '생각'을 더해야 하지 않을까!"

최인호 작가의 소설 '맹자'와 '공자'를 보면 그가 중국의 유가
(儒家) 사상에 대해 얼마나 많은 관심으로 현장을 탐방하고 각
종 문헌 기록을 수집 했는지 진심이 느껴진다. 소설이라 허구
적 맥락을 담고 있지만 2500년전 공자로부터 태두된 유교를 주
제로 철인 공자의 진면목을 보기 위해 그는 온 몸으로 발자취를
따라갔다. 공씨들이 사는 마을을 찾아가 현지 가문의 일대기에
대해 많은 이야기를 나누었고, 공자가 잠들어 있는 공림(孔林)을

찾아 그의 체취를 몸소 느끼는 일에서부터 공자의 사상적 원류를 거슬러 올라가며 관련 기록을 들추어 보는 노력을 기꺼이 감수했음을 알 수 있다.

소설이 허구라고 하지만 생동감 있는 묘사를 위해 오감으로 노력을 기울였듯이 지방공무원들이 하는 일은 허구일 수 없고 주민의 삶의 질과 직결된 생동감 있는 기획을 위해 지식과 정보의 활용이 무엇보다 중요하다. 기획을 함에 있어 어떤 현상을 보고 느끼고, 관찰하는 인지능력이 창조적 사고의 재료가 된다고 할 수 있으며, 이를 위해서는 오감(五感)을 통해 느낀 자극에 또 다시 생각을 깊게 하는 일감(一感)을 더 해야 하는데, 이것이 바로 육감(六感)이자 육감(肉感)이다.

그럼 자치행정의 입장에서 육감(肉感)에 대해 좀 더 구체적으로 들여다보자. 공무원들이 정책을 기획하기 위해서 첫째로 눈으로 지식정보를 체득하는 일인데, 무엇보다 현장을 확인하는 일이 필요하다.

둘째는 공감하고 경청하는 자세다. 이해관계자들의 이야기를 듣고 주민의 관점에서 진지하게 의견을 수렴하는 성실한 자세가 요구된다. 지역의 문제에 대해서는 지역주민이 가장 많이 알고 있기 때문이다. 사업현장에 대한 민원갈등은 없는지~, 주민은 무엇을 원하는 지~, 등에 대해 격의없는 대화로 기획의 씨앗을 찾을 수 있다. 이를 위해서 공청회, 반상회, 설명회, 간담회 등 여러 방안이 나올 수 있다.

셋째는 인적, 물적 환경에 대한 후각적 노력이다. 인적환경의 측면에서 주민갈등과 민원쟁점을 공익과 사익의 관점에서 냄새를 맡는 것처럼 세심하게 감지하는 일이 무엇보다 중요하다. 제아무리 좋은 정책이라도 주민의 찬반여론을 살펴 장점보다 단점 요인이 많은 것으로 파악된다면 실행하기 어려울 것이다. 그렇다면 물적 환경의 측면에서 주민의 후각을 자극해 행정서비스를 높일 수 있는 방안은 없을까?

미세한 향기는 사람의 행동과 생각에 영향을 미칠 수 있다는 것이 지각이전효과(perceptual transfer effect)인데, 이를 활용해 민원실에 '향기 나는 서비스'를 기획하면 어떨까. 향기를 행정서비스와 연결한 발상 독특하지 않은가!

인공적인 조화(造花) 보다는 허브식물이나 생화(生花)를 장식하고, 칙칙한 냄새가 날 때는 주민들이 좋아하는 향수를 약간 뿌려 쾌적한 환경을 제공한다면 민원인들은 보다 차별화된 행정서비스를 제공 받는다고 생각 할 수 있을 것이다.

넷째 촉각, 다섯째 미각이라고 할 수 있다. 주민과 음료수라도 한잔하면서 얼굴을 맞대고 소통의 테이블을 마련한다는 의미다. 관악구의 작은 도서관사업이 성공할 수 있었던 바탕에는 많은 지지와 성원을 보내준 새마을 문고 회원들이 있었기 때문이다.

생각은 감성과 이성의 눈이다.

마지막으로 육감이란 깊이 있는 '생각'을 통해 문제점이나 과제 해결의 본질을 찾아가는 것이다. '생각'이란 정확한 사실(fact)에 근거해서 새로운 가치를 부여할 수 있는 논리적인 힘이기 때문이다. 오감필링이 유익한 정보를 찾는 노력이라면 육감이란 이러한 정보를 가공하는 논리적인 두뇌 즉 '생각'을 통해 성공적인 기획을 하는 것이다.

언젠가 인기 MC인 강호동이 TV 프로그램에 나와 이만기 천하장사와의 씨름 이야기를 하면서 "샅바를 잡는 순간 그의 전략을 육감으로 느낄 수 있었다"고 말했다. 그가 이만기 선수에 대한 사전정보를 오감으로 탐색했음은 물론 여기에 더해 자신만의 '생각'을 담아 승리비책을 구사했기에 무적불패의 연승을 저지할 수 있지 않았을까. 이러한 생각 또한 부정보다는 긍정일 때, 그 효과가 극대화 될 수 있다는 연구들이 많이 있다. 물의 파동을 연구한 일본의 학자는 '감사'와 '짜증'이라는 두 가지 감정으로 물을 대했더니 감사 쪽에 있는 물의 결정체가 훨씬 아름다운 모습을 보였다고 한다. 긍정적인 생각의 중요성은 두말할 나위가 없다고 할 것이다.

기획력에서 '육감(六感)'이란 결국 육감(肉感)'인데 공무원들이 '잘 할 수 있다'는 긍정적인 자세로 온몸의 세포감각을 사용할 때 주민이 감동하는 사업을 기획하고 완성 할 수 있을 것이다.

상사의 입장에서 생각하고
또 생각하라

"공 주무관! 내가 기획한 보고서를 상사가 고친다면 기분 좋겠는가?"

"아니요! 기분이 나쁠 것 같아요"

"공 주무관 꼭 그렇게 생각할 필요는 없다고 봐"

"기획이란 내가 해야 할 사업을 상사의 관점에서 이해시키고 공익(수혜자)의 관점에서 논리적으로 전개하는 것이기 때문이지"

"자신보다는 상대방이 이해하기 쉽도록 작성해야겠군요"

기획은 상사의 의사결정을 용이하게 하기 위한 과정이다. 따라서 상사와의 교감 속에 자신의 기획 의도를 논리적으로 설명하되, 직속상사 또는 의사결정자와 추진 방향이 다르지 않아야 할 것이다. 어떤 직원들은 '나보고 영혼이 없는 예스맨이 돼란 말이야! 모든 일을 상사의 비위에 맞추는 나는 일종의 대필자이지 뭐야!'라고 불평할 수 있다. 마치 '내가 모든 것을 다해야 한다'고 판단해 상사보다는 자신이 이해하고 있는 문서를 작성한다면 이는 잘못된 생각이 아닐까?

지방공무원들이 정책결정자의 위치에 있는 상사의 의중을 담은 기획을 하지 않고 자료수집에서부터 내 생각에 빠져 주마간산식으로 일을 했다면 원하는 기획의도를 달성하기가 어려울 것이다. 자치행정에서 리더는 지역의 비전을 주도적으로 실현해 가는 주체이므로 상사가 무엇에 관심이 있고, 무엇을 중요하게 생각하는지 알아야 한다. 가령 단체장이 민원갈등대책을 중시한다면 신뢰할 수 있는 해당 정보를 수집해 디테일하게 대안을 강구할 수 있어야 한다는 의미다.

기획담당자는 의사결정지원자

기획담당자는 해당 업무와 관련된 양질의 정보들을 수집해 상사가 의도하는 정책 목표를 달성할 수 있도록 지원하는 것이므로 자신의 위치(직급)에서 문제를 바라보지 않고 상사의 마음속으로 들어가 한 단계 높은 사고를 할 수 있는 지혜와 역량이 필요하다.

일례로 내가 동 주민자치위원장들과 워크숍을 기획하기로 했다. 그런데 의사결정자인 상사와 상의 한마디 하지 않고 인원과 장소, 프로그램을 위원장들에게 미리 알렸다면 올바른 결정이라고 할 수 있을까? 상사가 이번 워크숍은 '자치위원회 활동을 잘하고 있는 지자체와 자매결연을 겸해보라'는 단체장의 의

중을 반영하려고 했는데, 담당자가 이와 관계없이 워크숍 장소를 통보했다면 상사가 의도한 기획서는 물 건너가고만 셈이다. 이를 현 상태로 시정하기 위해서는 주민자치위원장들에게 다시 양해를 구해야 하고, 이 과정에서 행정의 신뢰가 실추될 것은 분명한 일이다.

"공 주무관! 상사의 입장에서 점검할 내용들인데 잘 들어봐!"
"상사가 이해할 수 있는 문장구조로 작성하였는가!"
"상사가 궁금하게 생각하는 것들을 반영하였는가!"
"기획자의 주장에 상사가 공감할 수 있겠는가!"

이러한 상사의 관점은 위기관리가 생명인 군대에서는 더욱 빛을 발하는데 기획에서도 참고할 만하다. 특히 전략전술의 달인이라고 할 수 있는 영웅호걸들이 세운 계책이 성공할 수 있었던 것은 주군의 관점에서 전황을 분석하고 치밀하게 대책을 강구했기 때문이다. 오늘날 장자방(張子房)은 '이상적인 책사나 참모를 지칭하는 말'로 사용하고 있지만 실은 군막 안에서 천리 밖을 내다보며 계책을 세우는 등 유방을 도와 한 제국을 건설한 탁월한 책사 장량(張良)을 두고 하는 말인데, 그가 주군의 마음속으로 들어가 전략전술을 궁구(窮究)했기 때문이 아닐까.

그런데 문제는 부하(기획담당자)가 아닌 상사의 잘못인 경우도 종종 있다. 삼국지의 '동탁'처럼 상사가 아예 포악하고 무능력하거나, 원소처럼 아집과 독선의 소유자라면 그 의중을 받드는데 한계가 있을 것이다. 삼국지의 '원소'는 귀족명문가 출신답게 풍부한 학식과 뛰어난 지식을 가졌지만 참모의 의견은 아예 듣지 않은 편협한 인물이었다. 동탁의 수하에서 힘과 무력으로 정권을 잡았던 '이각과 곽사'가 내전의 혼란을 틈타 헌제가 장안을 탈출해 낙양으로 올 때 많은 참모들이 원소에게 조조에 앞서 헌제를 모셔야 한다고 진언했다. 하지만 이 말을 무시한 원소는 결국 결정적 승기를 조조에게 빼앗김으로써 천하삼분지계(天下三分之計)의 예선전에서 탈락하고 만 것이다.

가장 우월적 위치에서 자멸의 길을 자초한 '원소'가 천하를 놓치는 큰 실책을 한 것은 언청계용(言聽計用: 남을 깊이 믿어서 하자는 대로 함)을 제대로 실행하지 못했기 때문이다. 따라서 조직의 상사들은 자신의 능력수준을 객관적으로 파악하고 부족한 분야에 대해서는 쉼 없는 자기계발을 통해 실력을 쌓아야 하는 것은 물론 부하의 건설적인 의견을 전향적으로 수용하는 유연성을 가질 필요가 있다. 지자체 간부들의 안목이 원소처럼 부족해 애써 기획한 정책이 실패한다면 그 피해는 고스란히 해당 주민들에게 돌아가는 것이다.

기획력의 보고寶庫는
생활현장이다

"공 주무관! 기획부서 직원이 지식이 부족하면 되겠는개!"

"지식이든, 정보든 많이 알아야 하지 않을까요?"

"인터넷 포털사이트를 웹서핑하고, 학술지 검색도 필요하지만, 창조적 기획을 위해서는 현장을 찾아야 한다는 말이지"

"우리의 문제는 현장에 답이 있다는 말씀이지요?"

대통령과 장관들이 정책 현장에 가고, 기업대표가 생산 현장에, 자치단체장이 민원현장에 가는 이유는 거기에서 해답을 찾을 수 있기 때문이다.

그렇다면 지방공무원들에게 현장이 강조되고 있는 이유는 무엇일까? 주민 삶의 질 향상을 위해 더 큰 가능성을 찾기 위한 것인데, 공허한 탁상행정 보다는 현장을 찾아야 '기획의 씨앗'을 발견할 수 있기 때문이다. 탁상이 아무것도 찾을 수 없는 어두컴컴한 밤이라면, 현장은 아이디어가 별처럼 반짝이는 신비로운 밤이지 않을까!

안상헌 씨는 현장을 '레슨 런드(lesson learned)'라고 했는데 막연히 가는 것이 아니고 '걷다' '본다' '듣다'와 같이 신체의 인지 기능을 최대한 활용함으로서 문제점을 찾는 노력이 필요하다고 강조했다.

공무원들이 자신의 업무와 관련해 '걷는다'는 것은 주변 환경을 발로 직접 살피는 것이다. '본다'는 것은 문제의식을 갖고 결핍을 찾는 것이며 '듣는다'는 것은 이해당사자의 입장을 경청하는 것이라고 할 수 있다. 이를 '기획 현장의 원칙'이라고도 하는데 전체적으로, 부분적으로 다면적이고 입체적인 시각에서 현 상황을 바라보는 노력을 하라는 것이다.

개 눈에는 개 밖에 보이지 않는다?

필자가 건설관리과에 있을 때는 도로, 하천과 같은 공공용지들만 눈에 보였는데 '청소과 직원은 쓰레기 밖에 보이지 않는다' '건축과 직원은 건물밖에 보이지 않는다' '치수과 직원'은 하수관 밖에 보이지 않는다 '는 것은 자신의 업무에 대한 책임감과 문제의식 때문이 아닐까?

2017년 행정안전부 주관 '제7회 행정의 달인' 시상식에서 '하수 안전의 달인'으로 선정된 관악구 치수과 이성연 팀장은 이러한 관점에서 도로의 암이라고 할 수 있는 '씽크홀 예방에 대한 신공법'을 개발했다. 석촌 호수
씽크홀이 사회문제로 대두돼
이를 해결하기 위한 노력들이
추진되는 과정에서 그는 도로
함몰 현장을 수 없이 찾아다니
며 씽크홀과 노후(누수)하수관과
상관관계를 끊임없이 생각했다고 한다. 서울시에서도 기존 맨홀과 맨홀 사이 전체 굴착 정비방식은 과도한 예산이 소요된다고 인식해 손상된 하수관로 일부만 철거하고 보강할 수 있는 방법에 대해 민간설계용역을 진행한 결과 노후하수관에 연성밴드를 감는 공법이 적절하다고 제안했다. 하지만 시공 경험이 많은 이 팀장이 이를 현장에 적용한 결과 장기적으로 누수가 우려되는 처방이었기에 때문에 '연성밴드'와의 이종 결합보다 '콘크리트'와의 동종결합이 하수관의 강도를 더 강화시킨다는 결론에 이르게 된 것이다. 이에 공사 야적장 부지 등에서 현장실험 등의 노력을 거듭한 결과 노후(누수) 하수관 이음부에 보강용 거푸집〈사진〉을 장착해 동질적인 몰탈(mortar)을 주입해 단면을 보강하는 부분굴착 공법을 발명했다. 그리고 2017년 대한민국 우수특허 대상으로 신기술 특허도 출원하게 됐다.

두 가지 물질을 '결합'했을 때 어떤 물질이 노후하수관에 더 잘 부착될 수 있을 것인가라는 발상이 문제해결의 핵심이었는데, 서울시가 이를 대안공법으로 채택함으로써 '예산절감'과 '완벽시공'이라는 일석이조의 효과를 거둘 수 있게 됐다. 전국적으로 18조원이라는 엄청난 예산절감뿐만 아니라 공기를 단축해 교통 불편을 감소시키고, 무엇보다 시공품질이 뛰어나 구조적인 안정성을 가질 수 있는 것으로 평가되고 있다.

현장의 디테일한 관찰

공무원들이 이처럼 성과를 내기 위해서는 현장을 디테일하게 관찰하면서 주민들의 다양한 의견을 수렴하는 과정에서 묘안을 찾아낼 수 있는 것이다.

필자가 동 주민센터 내 작은도서관을 조성하면서 느낀 것은 '새마을문고'라는 간판을 단것과 '작은도서관'이라는 간판을 단 것에는 이용율에 많은 차이가 있다는 것이다. 이러한 발견은 필자가 직접 발품을 팔며 도서관 이용자들을 대상으로 탐문 조사를 한 결과다. 작은도서관은 뭔가 공공성을 가지고 체계적인 시스템으로 주민이 자유롭게 이용할 수 있다는 기대심리가 많았고, 새마을문고는 왠지 사설이라는 느낌으로 이용하는네 눈치가 보였다고 한다.

행정기획은 보고, 듣고, 느끼는 '현장의 원칙'을 충실히 이행할 때 차별화된 정책을 만들어 낼 수 있다. 그런데 문제는 다 같이 현장을 갔는데도 '보는 사람'과 '보지 못하는 사람'이 있다는 사실이다. 현장을 보지 못했다는 것은 보다, 듣다와 같은 '현장조사의 원칙'을 제대로 이행하지 못한 결과로서 한마디로 '문제의식'이 부족했기 때문이다.

한 직원이 공유지상의 컨테이너 시설물의 무단점유를 조사하면서 이 시설이 언제, 어떻게 설치됐는지 디테일하게 확인하지 않았다면 여기에 근거해 이전 등의 조치를 취하기가 쉽지 않을 것이다. 그렇다고 해서 매일 땅만 쳐다보면서 쓰레기방치, 도로파인 곳과 같은 생활 현장만 보고 다녀야 만사 해결될까?

카피라이트들은 가끔은 집착에서 벗어나는 '비움'을 강조한다. 한곳만 응시하다 보면 또 다른 면은 볼 수 없기에 정신적인 비움을 통해 자신의 생각을 더욱 객관적으로 바라볼 수 있다는 것이다. 과학자들의 놀라운 발견은 버스, 침대, 목욕탕 즉 3B(Bus, Bed, Bath)에서 많이 이루어진다고 하는데, 이곳은 마음의 여유를 가질 수 있는 힐링 장소라는 공통점이 있다. 이 말은 곧 현장에서 자신의 업무를 관찰하는 것도 중요하지만, 자유로운 여행과 사색 등을 통해 힐링의 재충전 시간을 가진다면 더 좋은 기획을 할 수 있게 될 것이라는 사실이다.

3

고수의 지름길
기본을 튼튼히

기획스킬 위에
휴먼스킬이 있다

"공 주무관! 기획스킬을 알고 있나?"

"맥킨지 보고서 등에서 보았습니다만… 배우고 싶어요"

"나의 어설픈 지식이 혼란만 주는 것은 아닐지 걱정이 되네"

"누구나 처음부터 프로가 되나요. 배우다 보면 숙달 되는 거죠"

"공 주무관이 용기를 주니 자신감이 생기는군!"

도서관에서 기획관련 서적을 보고 인재개발원에서 '기획실무' 강의를 들으면서 미시(MECE)의 원리를 이해하려고 애를 썼는데 '기획의 기초'라는 생각이 머리에서 떠나지 않았다. 누구든지 일정한 수준에 도달할 때 까지는 기본적인 원리를 우선적으로 터득하는 것이 핵심일 것이다. 자치행정의 경우에도 예외는 아니지만 지나치게 집착할 일은 아니다. 왜냐하면 공공의 업무라는 것이 민원을 비롯한 다양한 주변 환경요인들이 영향을 미치는 상황에서 기획의 스킬이 절대적인 비중을 차지하는 것은 아니므로 지나치게 부담을 가질 필요까지는 없다. 하지만 기업의 성과 창출을 위해 맥킨지에서 개발한 로직트리 정도는 기획 스킬의 기본이라는 측면에서 과유불급이 아니기에, 미시 사고에 따라 중복되거나 누락되지 않게 동일한 특성끼리 가지를 늘려가는 방식에 대해 공무원들이 알아두면 좋다. 기업과 행정이 추구하는 목표가 공·사익이라는 측면에서 근본적인 차이가 있으나 기업의 비즈니스 못지않게 행정적인 면에서도 논리적이고 합리적인 의사결정에 많은 도움이 될 수 있기 때문이다.

기획스킬의 기초

예를 들어 DE급 노후공동주택의 안전 문제를 기획할 경우, 이를 법과 제도적인 문제, 현실적인 문제라는 식으로 미시 사고에 입각해 로직트리로 벌려가면 중복과 누락을 방지할 수 있지 않을까. 또한 복지사각지대 위기가정발굴지원을 위해서라도 기수혜자와 신규자로 가지를 벌린다면 복지대상자선정에도 효과적이다. 그런데 소제목(가지)의 수가 5~6개가 넘으면 무엇이 무엇인지 핵심을 잡기가 어려워 배가 산으로 갈 수 있기 때문에 3개 정도 그루핑 하는 것이 좋은데, 왜? 왜? 왜?를 반복하며 의미있는 과제를 도출하면 될 것이다.

사람의 두뇌는 짧은 시간에 7개 이상의 항목을 기억할 수 없을 뿐더러 3이 인간에게 가장 이해하기 좋은 수라는 점에서 삼

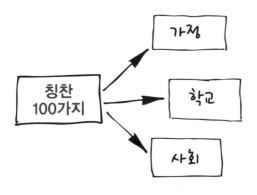

세번, 정반합, 가위바위보, 천지인, 삼진아웃제 등 그 활용은 부지기수다. 대학원에서 '가족복지론'에 대한 과제를 수행했는데 칭찬하고픈 사람에게 '칭찬 100가지'를 써 보라는 주제였다. 10명의 학생들이 아들, 아내, 아버지, 자신, 사촌누나 등으로 다양했고 칭찬의 내용도 각양각색이었다. 나는 아들을 선택했었는데 나중에 곰곰이 살펴보니 중복이 많았다. 대학 다니는 아들의 경우 가정, 학교, 사회에서 잘 한 세가지 일로 나누고 그 하위단위로 로직트리를 계속 전개해 나갔다면 '중복과 누락 없이 효과적으로 정리할 수 있지 않았을까'하는 생각이다.

휴먼스킬의 속삭임

하지만 논리를 기반으로 하는 기획스킬이 아무리 잘 숙지되었다고 하더라도 표정과 느낌이 없다면 최고의 기획이라고 할 수 있을까? 어떤 가수가 기획스킬과 같은 가창력은 있는데, 방청객들의 가슴을 울리는 '휴먼스킬'이라고 할 수 있는 풍부한 감성이 없다면 누가 비싼 요금을 들여 공연장을 찾겠는가. 주민에게 감동을 줄 수 있는 휴먼 스킬이란 논리적이거나 합리적인 의사결정 없이도 최고의 선택을 하는 직관으로 분출되는 것이다.

가치판단이 요구되는 정책학의 최적모형(optimal model)에서 강조되는 특성 중 하나가 합리적 분석만이 아니라 기획자의 '직관적 판단'도 중요한 요소로 간주하고 있다는 사실이 이를 잘 말해주고 있다. 따라서 자신의 '휴먼스킬'이 빛을 발하기 위해서는 문사철(文史哲)과 같은 인문학적 지식축적은 물론 여행, 음악, 미술 등 다양한 분야에서 감성적 체험을 확장시켜 가야 할 것이다.

중복과 누락없는 완전한 미시MECE를 위해

"공 주무관! 기획을 하면서 신경 쓰는 일이 무엇인가?"
"예 중복되는 말은 골라내고, 혹시 빠진 내용이 없나 살펴봅니다."

새내기 공무원들이 만들어 온 문서를 보고 있노라면 앞에서 언급한 내용을 뒤에서 또 언급하고 실제로 중요하다고 판단되는 내용들이 죄다 빠져 있는 등 어디서부터 손을 대야 할지 가슴이 답답했던 경험이 있다. 공직경험이 부족해서 그렇겠지만 이러한 중복과 누락을 점검하는 방식을 MECE(Mutually Exclusive Collectively Exhaustive)라고 하는데, 기획업무를 해야 하는 직장인이라면 잘 알아두는 것이 필요하다.

그렇다면 미시 개념을 본격적으로 살펴보자. 이는 문제해결을 위한 맥킨지식 사고과정의 기본인데, 맹목적으로 나열한다면 어디가 끝인지, 무엇을 말하는지 이해하기 어렵기 때문에 갑 설, 을 설로 나눈다든지 A관점, B관점으로 분류하는 방식이 여기에 해당한다. 그런데 내용상의 중복과 누락 없이 상호 배타적이면서 부분의 합이 전체를 이룰 수 있도록 완벽하게 미시하는 것이 쉽지 않다고 할 것이다. 또한 어떤 내용을 강조하기 위한 수단이나 추가적인 설명을 위해 중복이 불가피한 경우도 있기 때문이다. 하지만 내가 알고 활용하는 것과 모르고 활용 것에는 기획의 수준에 영향을 미칠 수 있으므로 '막연하게 중복되니 삭제 해야지'와 '구조상 중복이 되니 틀을 바꾸어야지'라고 인식하는 것은 질적인 차이가 있다. 전자는 미시의 이해가 부족한 상태고, 후자는 어느 정도 알고 있는 상태라고 할 수 있다. 지방 공무원들이 미시개념을 이해하고 의식적으로 적용해 보는 것이 체계적이고 논리적인 기획에 유용할 수 있을 것이다.

"공 주무관! 미시에 대해 세부적으로 파고 들어볼까?"
"예 기대되는데요. 좀 쉽게 설명해 주세요?"
"미(ME)는 중복되지 않고, 시(CE)는 누락되지 않음을 의미하는데 지자체의 업무사례를 들어 설명해 볼까?"

기획예산과 통계팀에서 매년 발간하고 있는 통계연보의 경우 경제 · 사회 · 문화 · 교육 등 모든 분야에 대한 변천 과정을 기록하는 만큼 세부 작성항목수가 많다. 지역사회 정책수립의 기초자료인 만큼 인구수, 가구수, 소득수준 등은 빼래야 뺄 수 없는 항목으로 미시 원리를 활용해 보자.

인구 구성분포의 경우 남녀, 10대, 20대로 구분할 수 있는데 여기에서 남과 녀는 미시하다고 할 수 있다. 중복이 없고 누락이 없기 때문이다. 이를 나이에 대입해볼까? 20대, 30대로 구분한다면 중복은 없지만 누락이 있다. 20대미만이 누락되었고 30대 초과가 누락이 되었기 때문이다. 20대 이하, 20대 이상이라면 누락은 없지만 중복이 있다.이를 통해 미만과 초과, 이상과 이하 등이 미시와 관계되는 단어로 이해 할 수 있다. 미시는 남녀처럼 대비개념에 쓰이고 기간과 시기에도 적용된다.

미시의 개념이 수량이 아닌 내용적 측면에서 어떻게 적용되는지 지방재정의 개념 열거를 통해 살펴보자. 지방재정은 '세입'과 '세출'로 돼 미시하다고 할 수 있으며 추가로 포함돼야 하는 부분은 없다. 또한 세입과 세출을 설명함에 있어 세입에는 '자주재원'과 '의존재원'이 있다고 할 때, 이 또한 미시하다고 할 수 있다. 그런데 '자주재원'에 '재산세'와 '세외수입'이 있다고 할 때는 중복이 없어 미(ME)하지만 누락이 있어 시(CE)하지는 않는다. '재산세' 이 외에 '자동차세' '사업소세' 등이 있기 때문이다.

반면 '자주재원'에는 '지방세'와 '재산세' 및 '세외수입'이 있다고 할 때는 시(CE)하지만 미(ME)하지 않다. '지방세'에는 '재산세'가 중복으로 포함돼 있기 때문이다. 그리고 '세외수입'을 '재산 매각수입'과 '사용료 수입'으로 분류 할 때는 미(ME)하지만 시(CE)하지 않는데, '세외수입'에는 '수수료수입' '과태료수입' 등 그 종류가 더 많이 있기 때문이다. '지방세'를 '시세' '구세' '군세' 등의 형식으로 분류할 때나, '보통세'와 '목적세' 등 성질별로 구분 할 때도 미시가 적용될 수 있다.

지방공무원들이 논리적인 기획을 위해서는 이러한 미시개념을 실무에 능숙하게 적용할 수 있도록 자신만의 노하우를 쌓아가는 노력이 필요하다.

미시사고를 구체화하는 로직트리

"공 주무관! 맥킨지식 문제해결방식에 대해 이해하고 있지?"

"네 로직트리는 기업에서 많이 활용하고 있는 것 아닌가요?"

"공무원들도 그 유형을 알아두면 기획서 작성에 도움이 될거야"

로직트리(logic tree)는 미시 사고를 구조화 하는 사고정리기법으로, 분류법을 대표하는 툴이다. 하나였던 것이 여러 개의 하위 요소로 분류되고 또 다시 그 밑의 하위요소를 분류되는 톱다운형(하향식) 구조다. 미시가 요리를 위해 여러 재료를 분류해 놓은 것이라면, 로직트리는 이 재료들을 가지고 요리구조를 만드는 식이다. 이는 어떠한 문제점에 대한 원인이나 과제들을 논리적인 사고에 따라 3단계 유형으로 분해할 수 있는데, 구성 분해형, 원인 분석형, 과제 도출형으로 구분해 'What - Why - How 트리'로 전개해 가는 방식이다. 이 방식으로 문제의 구성요소를 파악하고 문제의 원인을 찾아내어 분석한 후 바람직한 해결책을 찾는 것이다. 지자체에서 추진하는 일이 다양하기 때문에 이러한 트리구조를 그대로 적용할 수 있을지 의문이지만, 그 체계를 잘 이해해 둔다면 기획에서 핵심적인 문제 해결 능력향상에 도움이 될 것이다.

일례로 '동주민센터의 민원 불만문제'를 3단계 트리구조로 체계화함으로써 논리의 비약을 방지함은 물론 다양한 대안을 찾아 갈 수 있다. 먼저 구성분해형은 what tree인데 '무슨 민원인가?'라는 질문을 통해 증명민원에는 주민등록민원, 인감증명민원, 신고 민원에는 출생신고, 사망신고 등이 있다는 식으로, 대항목에서 소항목으로 전개하는 방식이다.

둘째, 원인분석형인 why tree는 '왜 그런가?'라는 질문을 통해 불만을 '왜 제기 했을까?'라는 방식으로 전개하는 것인데, 그 원인을 다음과 같이 분석할 수 있다.

① 정기 인사이동에 따라 창구직원이 교체되었기 때문일 수 도 있고,

② 주민등록 제도를 잘 몰라 담당자와 실랑이를 벌였을 수 도 있고

③ 중식시간(12시~1시)에 업무대행자 없이 직원이 식사를 하러 갔을 수도 있다.

④ 민원을 통합처리 하는 것이 아니고 주민등록, 인감, 가족관계 등록부 등 각각 따로 처리하다 보니 대기시간이 길어질

수도 있다.

그런데 단 한 번의 왜(Why)로 해답이 나온다면 종료할 수 있지만, 질문에 대한 답변이 불확실할 경우 반복해야 하는데, 문제의 원인을 파악하기 위해 '왜?'를 다섯 번 반복(5why)하는 것이 바람직하다.

셋째, how tree다. '그래서 어떻게 해야 하는가?'라는 질문을 던지면서 해당과제를 해결해 나가는 방식이다. 동주민센터 민원대기시간이 문제였다면 통합민원발급시스템을 설치해야 하는 등의 과제들이 도출될 수 있다.

≫ 로직트리를 전개할 때 문제의 구조화보다 문제의 원인이 우선이라면 Why → What → How 순으로 생각정리를 하는 것인데 이는 선택의 문제이다.

지방세 증대방안 3단계 로직트리

최근에는 보편적 복지비 등으로 인해 지방재정이 어려워지고 있는데 지방세증대 방안기획을 3단계 유형의 로직트리로 전개해 보자.

먼저, 구성요소 분해형(what tree)에 따라 지방세 중에서 '징수실적이 저조한 세목은 무엇인가?'로 전개할 수 있는데 재산세, 취득세, 사업소세, 주민세, 자동차세 등으로 열거할 수 있다.

둘째, 원인분석형(why tree)으로 '왜 취득세의 징수실적이 낮은가?'라고 했을 때 '부동산 경기가 좋지 않아서' '고액체납자가 많아서' '체납세 징수 노력이 부족해서' 등으로 원인이 나올 수 있다. 이러한 원인에 기초해 셋째, 과제도출형(how tree)로 이어진다.

'어떻게 하면 징수실적이 향상될 수 있을까?'라고 했을 때 '침체된 부동산 경기를 활성화 한다' '고액체납자를 언론에 공개한다' '숨은 세원발굴을 위해 세무조사를 강화한다' 등이 해결 방안이 강구될 수 있다. 지식과 경험이 많을 경우 덩어리를 나누어 가는 '연역적 로직트리'가 좋으며 적을 때는 분산된 조각들을 그루핑하는 '귀납적 로직트리'를 활용할 수 있다. 지방공무원들은 자신의 업무경험과 지식, 직관 등에 의해서 기획하게 되는데 전문성이 부족한 상태에서 서브이슈트리가 제대로 나오기 어렵다.

로직의 기술은 하늘에서 뚝 떨어지지 않는다. 게으른 직원, 글 안 쓰는 직원들이 잘한다는 것은 어불성설이다. 부단히 연습하고 고민하면서 고쳐 쓰고, 또 고쳐 쓰다보면 좋은 로직트리가 나온다는 사실을 가슴에 깊이 새기자.

퀄리티 정보
어디에서 찾을까

"과장님! 동에서 청소년자원봉사학교를 열기 위한 정보는 어디에서 찾아야
할까?"
"관련 기관 단체들을 검색하면 기획의 절반은 해결한 셈이 아닐까"

우리가 자주 사용하고 있는 '알아야 면장(동장)을 한다'는 말은
면장(面長)이 지식정보가 많아야 한다는 의미다. 지자체의 일개
행정구역을 책임지고 있는 기관(주민센터)의 리더이기도 하지만
주민들이 가장 손쉽게 만날 수 있는 공무원이기 때문에 정부정
책 할 것 없이 무엇이든 물어본다는 것이다. 이렇게 민과 관의
가교역할을 하는 읍면동장이 잘못된 행정정보를 제공한다면 그
피해는 고스란히 주민에게 돌아갈 것이다.

중국 손자병법에 명장의 조건으로 '지용겸비(智勇兼備)'가 있
다. 여기에서 지(智)는 앞을 내다볼 수 있는 선견력으로 정확도
가 높은 정보, 가치있는 핵심 정보를 수집할 줄 아는 것인데,

인포메이션

정보를 찾아내는 단계인데
이를 나무로 이미지화 한다면
· 팩트 → 땅
· 데이터 → 줄기
· 인포메이션 → 꽃
· 인텔리전스 → 열매

인텔리전스

데이터

팩트

우수한 공무원의 조건이 이와 다를 바가 없지 않겠는가? 지방 공무원들이 풍부한 지식과 정보가 있어야 사회적 기여, 자아실현과 같은 주민들의 질적인 욕구를 충족시켜 갈수 있다고 보는데 이러한 정책(사업)을 기획하기 위해서는 적정수준의 맞춤 정보를 찾고 효과적으로 활용하는 능력이 필요하다. 이는 곧 정확한 팩트(fact)를 바탕으로 데이터(data 단순정보)에서 인포메이션(information 의미있는 정보)을 찾고 여기에서 인텔리전스(intelligence 가공된 정보)를 도출하는 능력이라고 할 것이다.

　정부와 지자체 등 공공기관은 사익 추구가 목적이 아니기 때문에 웬만한 정보는 기관 홈페이지나 내부 문서망을 통해 구할 수 있는데, 그 어떤 매체보다 질 좋은 정보를 확보 할 수 있는 지름길이다. 행정안전부에서는 국민의 알권리 충족을 위해 '정보 공개홈'에서 지방자치 분야의 공공데이터를 적극적으로 공개하고 있고, 서울시에서도 I seoul You '서울정보소통광장'을 통해 시정에 관해 다양한 정보를 홈페이지에 공개하고 있다. 이 밖에도 각종학회, 대학교의 연구소, 복지관 등의 전문기관은 물론 도서관은 우리나라와 세계의 석학들이 한자리에 모여 있는 곳이므로 여기에서 다양한 자료를 찾을 수 있다.

언론의 정책 보도를 활용하라

특히 언론보도는 신속성과 객관성을 가지고 있으므로 지자체들이 정책판단의 근간으로 많이 활용하고 있다. 이에 모든 지자체는 매일 신문과 방송에서 보도되고 있는 중앙과 지방의 주요정책과 칼럼은 물론 해당 지자체의 보도사항을 스크랩하고 있는데 홍보부서 직원의 고충이자 의무가 아닐까 한다. 최근에는 인터넷을 통한 스크랩마스터 기능이 나와 편리해 졌지만 여전히 아침 일찍 나와 기사를 검색해 게재하고 있는데, 공무원들이 잘 숙지해 자신의 기획과정에 활용하면 도움이 될 것이다.

필자는 공보팀장, 홍보과장 등을 거쳐 언론담당부서에만 5년 이상을 근무하면서 느낀 점은 소규모 시책이라도 참신성이 돋보이면 신문방송사 기자들이 기사를 쓰게 되는데, 언론을 통해 소개된 좋은 정책들은 중앙정부에서 채택하기도 하고 또 타 지자체에 확산 파급되기도 한다. 따라서 자신의 정책을 객관적으로 관찰하고 검증하기 위해서라도 매일 지자체 내부망에 게시하는 언론 보도사항은 정독하는 것이 필수다. 하지만 많이 읽는 것은 좋은데, 그렇다고 지나치게 많은 정보를 수집하다보면 정보의 홍수 속에 빠져 무엇이 좋은 정보인지 알 수 없게 된다. 인지심리학자 조지밀러는 "인간의 두뇌는 짧은 시간에 7개 이상의 항목을 기억할 수 없다"고 했으며, 걸프전의 영웅 콜린 파월 전 합참의장도 "군사작전을 수행할 경우 정보의 수준을 100으로 할 때 40~70% 정도라면 자신의 목표하는 작전성과를 충분히 얻을 수 있었다"고 한다.

시간과 정보의 곡선은 시간이 지날수록 상승하다가 결국에는 수평이 된다. 상대방과의 대화 또한 30분이면 족하다. 길어지면 길어 질수록 신선하고 질 좋은 정보는 점차 줄어들게 된다는 점에 유의할 필요가 있다.

기획의 가시적 표현
도표 잘 그리기

"공 주무관! 도표가 왜 필요할까?
"도표는 일정기준에 따라 분류정리함으로써 문장보다 빠르게 이해할 수 있
지 않을까요."
"그렇지! 조선시대에도 도표에 관한 기록이 있는데 알고 있나?"

다산 정약용 선생이 곡산부사로 부임하면서 가장 먼저 한일
이 '침기부 종횡표(砧基簿縱橫表)'를 작성하는 일이었다고 한다. 고
을 백성들의 재산 현황을 한 눈에 알
아볼 수 있도록 가로 세로 도표로 논,
밭, 가축 등의 재산상태를 기록한 일
람표가 그것이다. 이를 통해 아전들이
엉터리 호포를 징수하지 못하도록 부
정을 원천봉쇄했다고 하니 목민관으
로 획기적인 일을 한 것이다. 다산은

침기부 종횡표 뿐만 아니라 식목부를 도표로 만들어 정조 임금에게 칭찬을 받은 기록 또한 전해지고 있다. 그 내용의 일부를 옮겨보고자 한다.

임금께서 식목부(植木簿)를 주면서 말씀하셨다. "7년간 여덟 고을에서 현륭원에 나무를 심은 문서가 수레로 실으면 소가 땀을 흘릴 정도로 많다. 하지만 누가 더 공로가 많은지, 심은 나무의 수는 얼마인지 조차 여태까지 명백하지 않다. 다산에게 네가 애를 써서 명백하게 해라, 한권을 넘기면 안된다"고 했다.

다산이 물러나 연표를 만들었다. 가로 열 두칸을 만들고 세로로 여 덟칸을 만들어 칸마다 그 수를 적었다. 총수를 헤아려 보니 소나무와 노송나무, 상수리나무 등 여러 나무가 모두 129,772 그루였다. 임금께서 말씀하셨다. "너는 한 장에서 소 한 마리가 땀을 흘릴 만한 분량을 정리했으니 참으로 훌륭하다."

〈식목연표의 발문(拔植木年表)〉

또한 목민심서〈사진〉 호전 5조에는 경위표(經緯表 - 종횡으로 살필 수 있는 일람표)를 작성하면 눈앞에 손바닥처럼 모든 재산 상태를 일목요연하게 알 수 있다고 했는데, 이처럼 다산이 목민관으로 있으면서 행정 업무 곳곳에 도표를 활용한 것이다.

기획서에 자주 활용하는 매트릭스

매트릭스(분류도)는 한 두 개의 대안밖에 보이지 않는 경우, 좀 더 다양한 관점에서 대안을 생각할 수 있다는 장점이 있다. 자주 쓰이는 2×2 매트릭스를 통해 상사의 업무스타일을 언급해 보자.

먼저 세로 축에 상사의 고집 기준선을 위(上)로 강함, 아래(下)로는 약함으로 가로축에는 두뇌회전의 스마트를 기준선으로 왼쪽(左)으로 둔함, 오른쪽(右)으로는 영리함이라고 할 때 총 4가지의 대안이 나올 수 있다.

① 고집이 강하고 둔할 경우 업무추진 방향을 잘못 설정할 가능성이 있고

② 고집이 강하고 영리할 경우 방향설정이 명확하고 자신감으로 추진력이 강할 것이고

③ 고집이 약하고 영리할 경우 업무 추진력이 미약할 수 있고

④ 고집이 약하고 둔할 경우 타 부서에서 무시할 수 있다

	두뇌 둔함	두뇌 영리
고집 강함	업무방향설정 오류	업무방향설정 자신감
고집 약함	타부서에서 무시	추진력 미약함

이처럼 2×2 매트릭스는 어떤 것을 분류하거나 대안을 찾을 때 유용한 생각정리 도구다. 종이와 볼펜만 있으면 생각을 정

리할 수 있기에 기획과정에 편리하게 활용할 수 있다.

자치행정에서는 통계업무, 예산업무와 같이 수량적 분류를 위해서 많이 쓰이고 있는데, 700여 페이지 달하는 세입세출예산서가 모두 표로 돼 있다. 이를 도표로 작성하지 않는다면 아마도 수천페이지에 달할 것이다.

이처럼 공무원들이 의외로 많은 활용이 필요한데, 필자가 언젠가 직원에게 부서별 쟁점이 되는 예산안 심의조정자료를 도표로 작성해 보라고 했던 적이 있다. 그런데 가로, 세로 축에 무슨 내용을 어떻게 삽입해야 할지 고심하고 있는 것을 볼 수 있었다. 이는 평소 도표의 활용성에 대해 깊이 생각하지 않았기 때문이다.

매트릭스를 잘 그리는 비결은?

그렇다면 매트릭스를 잘 그리는 비결은 뭘까? 먼저 백지위에 사각형을 그리고 가로 세로로 몇 개의 줄을 쭉쭉 긋는 연습이 기본이다. 그런 다음 사각의 셀 안에 몇 가지 핵심단어들을 넣고 어떤 결과나 나오는지 확인해야 한다. 자신이 의도하지 않은 내용이 나올 때는 다시 선을 줄이거나 늘리면서 핵심단어들을 넣어 보아야 한다. 이것저것 생각하는 '확산적 사고'를 한 후, 이를 구체화하는 '수렴적 사고'를 반복하면 그 속에 생각이라는 과정이 투입되고 산출되면서 누구나 쉽게 이해 할 수 있는 충실한 도표를 그릴 수 있다.

난 직원들과 소통이 되지 않을 때는 가끔 빈종이에 볼펜으로 관련 도표를 그려가며 대화하는데, 사안의 본질을 보다 쉽게 이해시키는데 도움이 된다.

요즈음에 액셀이 나와 계산방식에 획기전 전환을 이루었으며. 워드프로세서나 파워포인트 등에 다양한 도표기능이 있어 활용하기 좋아졌지만 복잡하게 얽힌 문제를 명쾌하게 해결할 사고정리 수단인 만큼 도표 그리기 연습을 많이 해 두는 것이 좋다.

하지만 기획서의 시각화에는 과유불급의 공식이 적용되기 때문에 본질은 어디까지나 핵심을 파고드는 논리적 문장력이다. 도표는 '시각화를 위한 보조자료'여야 한다. 또한 논리적 분석이 없는 단순한 이미지화는 왜곡이 발생해 정보의 가치를 하락시킬 수 있다. 별로 중요하지 않은 자료를 막대그래프, 점그래프 등으로 거창하게 그린다면 자신의 몸에 맞지 않거나 어울리지 않은 옷을 입은 것처럼 어색해 보일 수 있다는 사실을 잘 기억해 두자.

4

내안의 잠들어 있는
창의력을 일깨워라

엉뚱한 생각이
창의성을 싹 틔운다

"공 주무관! 자신이 엉뚱한 사람 같다고 생각해 본적이 있나?"

"가끔 머리를 빡빡 깍고 싶다든지… 엉뚱한 생각을 할 때가 있어요."

"왜 그런 생각을 했을까?"

"아침마다 머리손질을 안 해도 되니까요."

"하하 정말 엉뚱한 생각이군…"

필자가 모시고 있는 단체장은 '뜬구름 잡을 궁리를 하고 있는 돈키호테' 사진을 사무실에 걸어두고 기발한 생각을 자주하는 분이다. "셰익스피어와 함께 세계 2대 작가로 알려진 자유와 광기의 세르반테스 돈키호테는 자신의 꿈과 도전의 아이콘"이라고 강조한다. 휴가 때는 색깔 있는 남자가 돼 파랑색, 노랑색으로 머리를 염색해 블로그에 올리고 직원들과 말 춤을 추는 파격을 보이기도 한다. 이러한 노력의 정수(精髓)가 '좀 다르게 살아도 괜찮아'라는 책인데 서문에 이런 내용이 있다.

"누구나 갖고 있는 식상한 생각, 상투적인 행동과 결별하라. 이 사회가 강요하는 천편일률적인 붕어빵 같은 삶을 거부하라. 그리하여 보통 사람과의 다른 자기만의 개성 있는 삶을 살아라. 진정한 행복은 여기에 있다."

고정관념이라고 할 수 있는 관행적인 생각을 새로운 시각에서 바라보고 거기에서 떠오른 영감을 기획으로 정책화해 주민에게 감동을 주고자 애 쓰고 있다.

미국 오하이오주에 있는 바구니모양의 롱거버거(Longaberger) 사옥〈사진〉도 이같은 생각에서 지어진 건물이다. 창업자인 데이버 롱거비거가 생각해 낸 것인데 일반적으로 건물은 기둥이 있고 창문이 있고 외벽이 있고 지붕이 있지만, 이 회사 건물은 생

산품인 바구니 모양의 혁신적인 디자인으로 지어졌다. 이 건물이 관광 명소로 알려지면서 바구니 하나로 연간 10억 달러 이상의 매출을 올리고 있다.

동주민센터, 경로당, 미술관, 박물관 등도 이처럼 혁신적으로 짓는다면 많은 관광객들이 찾을 것이라는 것이 나만의 생각일까? 우리나라 또한 최근 다양한 디자인의 매력적인 건축물들이 많이 들어서고 있지만 불과 십여 년 전만해도 독특한 개성이라

고는 찾아볼 수 없는 건물이 부지기수였다. 특히 아파트는 성냥곽 모양으로 아예 고정된 거푸집을 만들고 레미콘 차로 콘크리트를 치는 식인데, 주물로 만든 쇠틀 모형에 밀가루 반죽과 팥 앙금을 넣고 굽는 붕어빵과 다른게 뭐가 있을까 싶다. 최근에는 아파트 발코니에 정원을 만드는 등 새로운 기획 시도를 하고 있으니 뒤늦은 반성 때문일까?

개성연출시대, 고정관념 탈피해야

매년 수많은 관광객이 찾는 프랑스 루브르 박물관을 비롯한 유럽의 건축물들은 기둥하나 천정하나에도 자기나라의 예술적 영감과 혼이 담겨 독특한 개성을 가진 아름다운 양식의 건축물이지 않은가? 우리나라라고 그렇게 하지 못할 이유가 있겠는가! 전북 전주시 완산구 풍남동·교동 일대 한옥마을, 한복을 입은 청소년들이 거리를 활보하는 이곳은 불과 10여 년 전까지만해도 버려지고 방치되었던 지역인데 전주시가 구도심 활성화 차원에서 시작한 한옥마을 개발 시책이 대박이 나 전주를 상징하는 최고의 전통 관광문화자원으로 재탄생했다. 우리나라 고유의 '한옥 = 관광상품'이라는 전주시 공무원들의 차별화된 생각이 경쟁력 있는 전주를 탄생시킨 것이다. 대한민국 심장부인 청와대가 한옥의 아름다움을 살려서 지은 것처럼, 목재로 지어진 한옥이 내구연수에 한계가 있다면 일부의 재질을 신개념의 석재로 바꾸어도 문제 될 것은 없지 않을까. 우리나라 고유의 나무, 종이, 흙, 돌과 같은 친자연적 소재로 유려한 곡선미를 곁들인 전통 한옥은 뛰어난 건축 관광자원이라고 할 수 있다.

최근 부여·공주·경주 등의 고도를 비롯해 각 지자체가 나서서 건립비용을 지원하면서까지 한옥 붐을 조성하고 있는데, 이를 현대건축에도 융합하면 우리의 멋을 살릴 수 있다. 지자체 공무원들의 이와 같은 혁신적인 기획 마인드가 도시의 건축물에도 우리의 전통문화를 입히는 차별화로 이어질 수 있을 것이다.

그런데 필자가 우연히 지하철을 타고 가다 서울시가 주민들의 UCC를 공모하면서 '공무원들이 만들면 안 봐도 비디오'이라는 글이 자존심을 상하게 했다. 주민들의 제안을 활성화하기 위한 방법이지만 '왜 공무원 스스로를 꽉 막혀 유연성이 부족한 집단으로 생각하고 있는지' 씁쓸한 기분이었다.

오랜세월 중앙집권적 행정체제에 익숙해져 있다보니 고정관념적 프레임에 갇힐 수 있는데, 그동안 공무원의 문화가 그랬다고 하더라도 과거의 관행에 얽매여 기존에 정해 놓은 대로 움직이는 비효율적인 '기계적 사고'는 이제 과감히 바꾸어 가야 할 것이다.

한 자를 한글로 새긴 명함

내가 동장을 할 때 전통시
장의 상인교육을 전담하고
있는 강사에게 건네받은 명

함이 기억에 남아있다. 자신의 한자(漢字) 성명 중 가운데 한 자
를 한글로 새겼는데 이것이 곧 자신을 다른 사람에게 더욱 잘
알릴 수 있는 경쟁력이라고 했다.

이처럼 고정관념을 탈피하려면 '사물 바꾸어 보기, 사물 뒤집
어 보기'와 같은 발상의 전환이 필요한데, 자기스스로의 노력이
필요하다.

우리가 내 집의 창문을 통해 바깥세상을 통해 전부 알 수 없
듯이 나만의 프레임을 통해 모든 사실을 알 수 없다. 내가 ABC
로 배열했을 때 B가 되지만 12, 13, 14로 배열했을 때 B는 13
이 될 수 있다는 사실이다.

서울시가 홈페이지에 '시민상상오아시스'라는 사이트를 두고
일년 내내 공무원과 시민들의 다양한 의견을 받아들인 적이 있
다. 베트맨이 아니라 아이디어맨이 서울시를 날아다니라고 한
것인데… 마포대교를 화려하게 수놓은 '달빛 무지개분수'도 그
때 당시의 시민 아이디어를 도입한 것이다. 한 직원이 야간에
친구들과 한강유람선을 타고 달 빛 분수를 보았는데 정말 환상
적이었다고 한다. 이러한 감동의 이면에는 다른 눈을 가진 시

민들의 제안이 있었기 때문이다. 낙하하는 분수가 꼭 계곡에만 있어야 한다는 상식을 뛰어넘는 엉뚱함의 가치를 발견할 수 있었기에 가능한 일이었다.

임팩트 있는 기획으로
주민 공감을 확대하라

"과장님! 기획에서 임팩트란 무엇일까요?"

"공급자가 수요자에게 강한 인상을 심어주는 '그 시기'라고나 할까?"

"뭔가 깊이 공감할 수 있는 분위기라는 생각이 드네요."

가을 책잔치 홍보를 위해 공무원들이 책을 들고 싸이의 말춤을 추는 장면을 동영상으로 만들어 각종 행사때 방영했는데, 참석한 주민들이 웃느라고 정신이 없었다. 필자가 보건복지인력개발원 강의에서 이 말춤 영상을 보여줬더니 교육생들이 신기해하고 재미있어 했다.

이뿐 아니고 매년 열리는 신년 인사회때 공무원들이 깜짝이벤트를 연출했던 적이 있다. 의례적인 '신년인사회'라면 지역의 유력정치인들이 얼굴을 알리기 위해 입구에 줄서서 인사하고 식장에서는 단체장이 신년사를 발표하는 정도다.

그런데 청마의 해를 맞아 '초심 열심, 뒷심으로 청마처럼 달

려가자'라는 컨셉으로 공무원들이 단체장과 무대에 함께 나와 역동적인 붐바스틱 춤을 추었는데 주민들이 박수를 치면서 공감을 표시한 것이다.〈사진〉

주민과 서로 소통하기 위해서는 공직에서 느껴지는 경직과 무거움에서 벗어나 뭔가 흥미를 유발할 수 있는 임팩트가 필요하지 않을까? 이러한 임팩트 있는 아이디어는 만나지 않았던 두 개의 개념이 새롭게 만나는 순간(new meets of 2 plane)에 생겨날 수 있다는 사실이다(표면아래 진실찾기, 신병철)

가수 싸이가 세계인들에게 신선한 충격을 안겨주었던 말춤은 강남스타일의 하이라이트가 아닐 수 없다. 그런데 점잖은 남녀 공무원들이 "오빠 강남스타일" 하면서 양팔을 흔드는 싸이의 말춤을 추었다는 게 이해가 되는가? 이처럼 '공무원'과 '말춤'

'공무원'과 '붐바스틱'의 만남이 의외의 임팩트를 만들어 낸 것이다. 탁월한 기획이란 남과 다른 시각에서 새로운 가치를 만들어 내는 '차별화' 능력이 핵심인데 내 기획을 본 사람이 진정으로 '와~'하고 놀란다면 성공적이다.

새로운 가치를 만들어 내는 능력

좋은 기획은 논리도 중요하지만 사람의 가슴으로 찡하게 느껴져야 한다. 단순히 분위기 전환을 위한 아이스 브레이킹(ice breaking) 정도가 아니라 청마가 달리듯 열심히 일 할려는 의지를 경쾌한 행동으로 보여주었으니 주민들에게 좋은 반응은 당연하지 않을까?

각종 언론에서도 '청마의 해 붐바스틱 춤추는 공무원, 주민을 위해 열심히 달리는 한해의 서막 열어'라며 보도했다.

이제 정책아이디어도 행사기획도 단순히 '무엇을 알려야 한다'는 의미전달로는 한계가 있다. 무엇이 주민의 가슴을 울릴 것인가를 그들의 눈높이에서 깊이 생각할 때 임팩트 있는 기획이 나올 수 있다.

우리나라 역사의 수레바퀴가 돌고 돌아도 변하지 않는 진리가 있다면 백성본위 행정인데, 주민들의 적극적인 참여와 지지를 이끌어 낼 수 있는 방법은 감성이 베여있는 임팩트 있는 기획이 아닐까 한다. 그렇다고 본말이 전도돼 실체적 진실은 온데 간데없고 가벼운 인기성으로 흘러서도 안 되지만, 경직되고 무거운 관료주의는 현대를 살아가는 주민들이 그다지 좋아하지 않는다는 사실이다.

공무원의 입장이 아닌 주민들의 입장에서 그들이 감동할 수 있는 임팩트 있는 스토리를 만드는 것이 필요하다. 음악은 실내에서만 듣는 것이 아니라 야외에서도 들을 수 있다는 생각이 워크맨을 만들었듯이 허용될 수 없다고 여겨지는 것, 부정적인 상식까지도 임팩트 있는 스토리로 엮음으로서 감동을 안겨 줄 수 있지 않을까 한다. 이처럼 기존의 보편성에 플러스알파를 결합(combination)함으로써 허용될 수 없다고 생각한 것을 재창조하는 과정이 임팩트 있는 기획이라고 할 수 있다. 이러한 일들이 딱딱한 알을 깨고 나오는 새만큼이나 고통이 뒤따른다고 할지라도 새로운 세상을 볼 수 있다고 생각하면 기꺼이 감수해야 할 것이다.

남의 것을 내 것으로
만드는 것이 창조다

> "공 주무관! 창조라는 것이 '무'에서 '유'를 만드는 것일까? '유'에서 '유'를
> 만드는 것일까?"
> "저는 '유'에서 '유'라고 생각해요. 왜냐하면 코페르니쿠스의 지동설도 천동
> 설이 있었기 때문에 가능하지 않았을까요"
> "지동설은 신에 대한 거대한 도전으로 여겼는데 정말 위대한 발견을 한 것
> 이지."

16세기 폴란드의 천문학자 니콜라우스 코페르니쿠스(Ni colaus
Copernicus, 1473~1543)는 '천체의 회전에 관해'에서 "지구는 우주
의 중심도 아니고 특별한 위치를 차지하지도 않는다"며 지동설
을 주장해 비판의 대상이 됐다. 이 이론은 지구가 우주의 중심
이며 다른 모든 천체가 지구의 주위를 돌고 있다는 고대 우주학
설인 천동설이 있었기에 탄생할 수 있었다. 그는 프톨레마이우
스의 지구중심설에 전통적으로 적용돼 온 수학이론이 잘못됐음

을 발견해 지구가 태양의 주위를 돈다는 '지동설'을 주장했다.

다음은 1879년 11월 4일 에디슨이 미국 특허청에 제출한 백열전구 특허 신청서의 첫문장이다. "나는 나 이전의 마지막 사람이 멈추고 남겨놓은 것에서 출발한다."

유(有)에서 유(有)를 창조한다?

우리가 일구어낸 위대한 자연과학의 원리들 대부분은 과거 성과를 바탕으로 새로운 사실이 만들어져 왔다. 결국 유(有)에서 새로운 유(有)를 창조하는 것인데 의미 있는 것, 가치 있는 것, 큰 기회와 핵심이 되는 것 등을 찾아내는 것이 창조적 발견의 본질이다.

'베끼고 훔치고 창조하라'의 저자 김종춘 씨는 "모방은 가장 탁월한 '창조의 전략'이며 개인뿐만 아니라 기업도 국가도 모방함으로써 발전할 수 있다"고 했다. 가끔씩 직원들이 어떤 일을 수행하는데 막연하게 '이거 어떻게 하지?'라며 심각한 고민에 빠져 있는 경우를 볼 수 있다. 내게 주어진 어떤 일이든 어렵다고 쉽게 포기하거나 손사래 칠 것이 아니다. 이를 바탕으로 새로운 시각에서 의미있는 사례를 찾고 모방하는 것이 필요하다.

현재를 기준으로 새로운 가치를 만들어내는 창조적 모방을 '벤치마킹'이라고 한다. 그 어원이 강물이나 바닷물의 높낮이를 측정하는 '벤치마크'(bench mark)에서 나왔다고 한다. 이러한 벤치마킹은 행정에도 유용하다. 필자가 통합신청사기획을 하면서 아무것도 없는 백지상태에서 무엇을 어떻게 해야 할 지 정말 막막했다. 당시 신청사를 추진해왔던 서울시청·금천구청·성동구청 등 몇몇 지자체를 찾아다니면서 해당자료를 구하고 담당자들을 인터뷰하면서 '밀레니엄 통합신청사 건립' 기획안이 원활하게 작성될 수 있었다. 공무원에게 벤치마킹이란 타 지자체의 성공요인이 기준점이 돼 자기가 근무하고 있는 지자체 실정에 맞게 도입하는 것이다. 좀 적나라하게 말한다면 남의 아이디어를 훔치는 일인데 주민의 생활향상을 위한 일이라면 이 정도 베끼기는 용인될 수 있지 않을까 한다.

내가 예산담당자로서 보편적 복지비 증가 등으로 인해 올해 예산편성이 어렵다는 사실에 직면해 있다면 어떻게 돌파구를 마련 할 수 있을까? 자신이 겪고 있는 어려움을 혼자 고민하지 말고 행정환경이 유사한 지자체를 벤치마킹하면 의외로 해답을 쉽게 찾을 수 있다. 서울시 자치구의 경우 강남북의 격차가 다소 크기는 하지만 인구수를 비롯한 문화 환경의 동질성이 많기 때문에 직원들과 대화하다 보면 나름의 재정방안에 대해 문제해결의 열쇠가 있다. 건설관리과에 있을 때 도시미관을 저해하는 현수막이 골칫거리였는데 이를 해결하기 위해 '단층형 게시대'를 만든 자치구가 있어 가 봤다. 현장에 가서 보니 가로변에 무차별적으로 게시된 현수막 난립 문제를 해결할 수 있는 대안으로 판단됐다. 단, 디자인이 좋아야 하고 주변에 추가적인 불법현수막설치를 방지하기 위한 집중단속이 필요하다는 생각이다.

우수사례를 벤치마킹하라

이러한 벤치마킹에서 유념할 것은 당해 사업이라고 해당분야의 관점에서 아이디어를 구하는데 만족한다면 1등이 아닌 2등이 될 가능성이 크므로 전국의 지자체나 기업, 외국의 사례까지 확대된다면 더 좋은 아이디어를 구할 수 있다. 내가 경전철 건설을 구상한다면 교통수단이라는 기준에서 기 건설한 경전철에 대한 벤치마킹도 중요하지만, 버스전용차로, 2층 버스, 택시 등의 다른 교통수단에서 대안(결합)을 찾아야 한다는 의미다. 벤치마킹은 여러 형태로 실시 될 수 있다는 의미인데 무엇을 꼼꼼하게 관찰해야 한다는 강박관념에서 벗어나 '그냥 휙 둘러보는 것'조차도 좋은 착상을 제공할 수 있다는 사실이다.

최근 날로 증가하는 도시민의 농업에 대한 관심을 구정에 반영하기 위해 도시농업성책을 잘하고 있는 서울의 강동구를 를 방문한 적이 있다. 주말 농장의 규모는 어떤지, 주민에게 어떻게 분양이 이루어지고 있는지 등에 대해 직접 눈으로 살펴봤다. 그런데 농장을 견학하다보니 야산 쪽 한켠에 벌통이 있었다. '구청에서 벌을 기르다니?' 의외의 사실에 깜짝 놀랐다. 담

당자에게 물어보니 '강동 천연벌꿀'이라는 상표등록을 해 견학을 온 주민들에게 선물로 주고, 또 어려운 이웃에게도 나눠주고 있었다. 주말농장에 벌통이 있어서 잠시 보았는데도, 해당 과에서 윙윙거리며 날아간 일벌에서 기획의 씨앗을 찾아 시책 제안을 한 것이다.

관악산에 아카시아가 많아 벌들이 꿀을 구하기에 유리한 조건이었기에 도입이 가능했다. 그 결과 주민들의 양봉체험은 물론 매년 수십통의 벌꿀을 생산해 어려운 이웃에게 나눠주고 있으며 '관악산 꿀벌의 선물'〈사진〉이라는 상표도 등록했다.

그렇다면 벤치마킹이란 과연 보는 것 뿐일까? 나는 우연히 '고전시작'(古典始作)이라는 일본의 한 교수가 쓴 책을 읽으면서 소리내어 읽는 음독이 배움의 기본이라는 것을 알 수 있었다. 고전의 한 구절을 음독(音讀)하면서 자신의 경험을 연결해 현재의 세상과 연결지어 생각해 보거나 또 듬성 듬성 읽다가 우연히

'세렌디피티(serendipity)' 즉 '가치 있는 힘'을 발견할 수 있다는 것이다. 내 자신은 물론 다른 누군가의 음독을 듣고 사물의 이치를 새롭게 재발견할 수 있다면 벤치마킹의 또 다른 형태가 아닐까?

행정도 마찬가지다. 가끔 자기가 만들어 놓은 기획서를 제목부터 목적 사업개요, 사업내용, 기대효과에 이르기 까지 음독해 보자. 또 누군가가 기획서에 담긴 내용을 읽고 말할 때 귀를 열고, 마음을 열고 들어보자. 하나의 사실이 연상을 거쳐 합성작용이 일어나면서 미처 생각하지 못했던 창조적인 아이디어가 좋은 기획으로 연결 될 수 있을 것이다.

우리의 선비들이 서당에서 '하늘 천 따지'를 음독했던 이유가 이런 원리가 아닌가 생각하면서 음독과 친숙해 지는 것이 작가의 위대한 정신을 만나는 일이라는 사실이 깊은 울림으로 다가왔다.

스토리가 있는 정책은
공감이 배가 된다

"공 주무관! 스토리텔링(storytelling) 알지?"
"생각을 전달하는 방식 아닌가요? 스토리로 말하는 동화 구연이 어린이들
한테 인기가 많잖아요."
"기획을 할 때는 반드시 스토리를 만들어야 해"

동화 구연 강사들이 어린이집을 찾아가 원생들에게 옛날이야
기를 하면 귀를 쫑긋이 세우고 듣는다. "옛날 옛날 아주 먼 옛
날, 깊은 산속에 집채만한 호랑이가 살았데요"라고 하면 애들
의 몸짓과 눈빛이 금세 달라진다. 이어 "어느날 호랑이가 밤에
몰래 집을 찾아와 울고 있는 애기를 잡아 먹으려고 하는데…"
라고 호기심을 자극하면 "선생님, 무서워요~"하면서도 더 귀를
쫑긋이 세운다. 이게 바로 이야기의 마력이 아닐까.

스토리는 민간의 광고기법에도 많이 활용된다. 언젠가 지하
철 2호선 벽면에 있는 결혼전문회사 '듀오'의 스토리 메이킹 기

법이 눈에 들어왔다. '당신에게 당신이 필요하다. 결혼해 듀오'
라는 글귀였다. 그냥 '듀오'하면 어떤 대상으로 인식해야 하는
지 어려운데 이야기처럼 '결혼해 듀오'라고 하니까 친근하게 들
려 처녀총각들이 결혼전문회사의 문을 한번쯤 두드려 볼 것이
라는 느낌이 들었다.

'우리가 전한 메시지대로 상대방이 행동하게 하려면 story를
들려주라'는 유명한 말이 있다. 이야기(story)를 전달(telling)하면
이미지를 변화시키고 주민의 감성을 자극할 수 있다는 점이다.
소나무 하나를 심으면 식수이지만, 나무와 정원과의 상관관계
를 생각하면 조경이 돼 이야기가 된다. 단편적으로 흩어져 있
는 삶의 궤적들을 모아 엮으면 소설이 되듯이 낱개의 조각을 모
으면 어떤 형상이 돼 메시지를 담을 수 있을 것이다.

주민들은 스토리에 반응한다

지자체의 시책도 주민들의 공감을 얻기위해 서는 '이야기 파
편'을 모아 스토리(story)로 엮을 수 있는 기획력이 공무원들에게
요구되고 있다.

서울의 대표적인 달동네였던 관악구의 난곡! 지금은 수천가
구의 아파트가 들어서 상전벽해가 됐지만, 과거의 생활상을 기
억할 수 있는 스토리를 담은 벽화라도 있다면 가슴 찡한 감동을
느낄 수 있지 않을까? 90년대 인근동에 근무하면서 그곳을 몇

차례 가 본 적이 있지만 그야말로 가난한 서민의 속살을 한눈에 볼 수 있었다. 연탄을 피우는 허름한 판자집에서 검둥개가 한낮의 햇살을 즐기고 있는 모습, 아이들이 잡초우거진 공터에서 숨바꼭질을 하고 있는 모습을 봤었다. 이같은 모습들이 벽화로 남겨졌으면 의미가 있을 것이라고 생각했었다.

최근 도시의 생활환경을 개선해가는 도시재생사업으로 마을이 활력을 찾고 스토리가 있는 벽화들이 관광객들의 발길을 사로잡고 있다. 지역의 고유성과 정체성에 기반해 시간과 공간, 사람들 속에 축적된 자산과 경험들을 워딩하고 조합해 문화적 감성으로 이야기함으로써 사람들을 찾아오게 만든다. 한국의 산토리노로 불리우는 통영의 동피랑 마을과 부산 사하구의 알

록달록 감천문화마을⟨사진⟩ 등이 대표적이다.

미로로 이어지는 가파른 골목길을 그들의 이야기가 담긴 벽화로 장식하고, 하늘과 맞닿아 형형색색으로 단장된 지붕들과 전망대를 통해 바라볼 수 있는 아름다운 마을 전경이 삶의 이야기로 속삭이고 있다.

작은도서관 사업 스토리텔링

언젠가 단체장이 구청에 조성한 작은도서관이 주민에게 호응이 많다는 점에 대해 스토리텔링을 했는데 설득력으로 다가왔다. 구청 아래쪽 구두수선점을 운영하는 부부에게 구두를 닦으면서 들은 이야기를 인용한 부분이었다. 하루 종일 구두를 닦아야 하는 입장에서 손님이 오지 않을 때는 책을 읽는 것이 취미가 됐다고 한다.

수시로 들락거리는 손님들 때문에 왕복 30분 이상 소요되는 구립도서관을 찾기가 사실상 어려운 실정에서 구청에 작은도서관이 생겨 한 달에 20여권의 책을 빌려보고 있다는 이야기는 그 어떤 말보다 호소력이 있었다. 또 관악구는 40여개의 작은도서관에서 상호대차시스템을 도입해 연간 54만권의 책을 차량으로 배달하고 있는데 그 성과를 스토리텔링으로 엮어 전국 지자체 매니페스토 경연대회에서 우수상을 거머쥐었다.

'차량' '배달' '54' '책'과 같은 이야기 파편을 모아 연간 관악산

높이(629m)의 9배(54만권)에 달하는 지식도시락(책)을 10분거리 작은도서관까지 신속히(차량) 배달한다는 스토리가 심사위원들의 마음을 움직인 것이다.

그냥 주민들이 책을 많이 읽을 수 있도록 10분 거리의 작은 도서관을 여러 개 만들었다는 말은 감동이 없지 않을까? 사람들의 반응이란 데이터(data)를 통해서는 이성적으로 접근하지만 스토리(story)를 통해서는 감성적으로 접근하는데 화자(話者)와 청자(聽者)의 상호작용이 이야기의 힘이다. 무슨 일이든 주민들이 관심을 가질 수 있도록 하기 위해서는 유명인의 성공스토리나 자신의 소소한 경험담들을 재미있게 엮어 말하면 공감이 더욱 크게 확산 될 것이다.

≫ 기획의 존재이유를 파악하라

≫ 피드백을 확실히 행하라

≫ 기획의 영향요인을 고려하라

≫ 공유하고 소통하라

지속가능한
베스트
기획을 위해

1

기획의 존재
이유를 파악하라

기획의 본질은
2W, 1H

"공 주무관! 기획에 관한 내용들을 요약해서 말한다면?"

"고정관념에서 벗어나 역발상을 하고, 좋은 정보를 찾고 현장에서 디테일하게 관찰하라는 등이 아닐까요?"

"이를 토대로 '왜?' '무엇을?'과 같은 문제의식에 충실해야 한다는 거지"

경기도 안산의 한 중학교 학생들이 수학여행의 설레임을 안고 대형 여객선을 탔지만 진도 앞 바다를 운항도중 침몰해 꽃다운 나이에 그들의 꿈을 펼쳐보지도 못한 채 하늘나라로 떠나보내고 말았다.

21세기 번영일로에 있는 대한민국에서 이런 후진적인 사고가 일어나다니 가슴을 치며 통탄할 노릇이 아닐 수 없다.

여객선 선장을 비롯한 운항관계자의 잘못이 큰 원인이기도 하지만 근본적인 문제는 여객선의 안전을 위해 책임과 의무를 다하지 못한 정부의 안일한 해상교통기획이 가져온 대 재앙이 아닐 수 없다.

평소 여객선의 안전 운항을 위해 2W1H에 근거해 불완전한 요소들을 하나 하나 체크해 나갔다면 탑승객의 안전을 담보할 수 있었을 텐데, 그렇게 하지 못한 것이 원인이다. 고려대학교 조성택 교수는 이를 두고 "주어진 선택지에 따라 앞만 보고 달려왔기 때문"이라고 했는데 한마디로 기획의 본질을 무시한 탓일 것이다.

기획이란 왜(why), 무엇을(what)과 같이 어느 한가지만의 고정적인 형태가 아니라 집행(execution)을 전제로 하는 의사결정과정이다. 또한 행동지향성(action oriented)을 가지고 있다는 점에서 관리자가 존재의 이유(What), 목적(Why) 측면에서 기획을 한다면 실무자는 방법적인 면에서 일의 프로세스(How)를 철저히 준비해야 한다. 앞으로 세월호 같은 해상교통 재난을 또 다시 되풀이 하지 않기 위해서는 정책의 결정자들이 '왜' '무엇'을 이라는 본질에 충실하고, 정책의 실무자들은 '어떻게' 라는 본질에 충실할 때 문제해결이 가능할 것이다.

본질의 꽃을 피운다

추상화의 거장 피카소가 회화분야에서 본질 추구에 천착했다면, 철학분야에서는 '너 자신을 알라'로 유명한 소크라테스가 아닐까. 소크라테스는 인간의 본질(진리)에 다가가기 위해서는 겹겹이 감싸고 있는 양파껍질을 벗기듯이 결핍이란 문제의식을 화두로 계속 질문했다. 한마디로 결핍이라는 씨앗이 본질(진리) 의 꽃을 피우는 것이다.

기획강사 박신영 씨는 좋은 기획을 위해서는 "결핍에 대한 real why를 찾기 위해 5 why로 물어야 한다"고 했는데 "기획 자의 입장에서 what만 보여 줄게 아니라 상대방의 입장에서 why에 대해 끊임없이 생각해야 한다"는 의미다.

한 번의 질문에 의문점이 해결될 수 도 있지만, 일곱 번을 해도 해결되지 않을 수도 있으므로, '왜(why) 해야 하나요'라고 최소한 5번은 반복해서 질문해야 좋은 답을 구할 수 있다고 하 겠다.

지역소상공인들의 폐업이 속출하고 있다면 왜? 라고 반복적 으로 질문해야 해답을 찾을 수 있는 것이다. 대형 몰세권(백화점, 마트, 아울렛)때문일까? 높은 임대료를 요구하는 젠트리피케이션 (Gentrification) 때문일까? 소상공인의 생산제품이 질적 하락으로 경쟁력이 없기 때문일까? 그 원인이 밝혀졌다면 소상공인 합동 마켓운영, 저리의 금융지원 등 소상공인 지원정책에 대한 해결 과제(how)가 나올 수 있으며, 이를 통해 안정된 자영업자가 많 은 도시가 됨으로써 지역사회에 돈이 돌 수 있는 선순환구조를 만들어 우리의 경제기반이 더욱 건강해 질 수 있는 것이다.

익숙한 것을 낯설게

스티브잡스의 아이폰은 구매자의 욕구가 '무엇인가(what)'에 천착하면서 익숙한 것을 낯설게, 평범한 것을 평범하게 보지 않은 결핍의 눈에 의한 것이라고 할 수 있다. 이러한 통찰은 신기루처럼 갑자기 생기는 것이 아니라 해당 문제를 늘 결핍된 시각에서 끊임없이 생각하고 행동을 관찰하는 노력 속에서 탄생하는 것이다. 결핍의 경제학이란 결국 내가 무엇인가(what) 절박한 시점에 오감을 쫑긋이 세우고 노력하면 해답을 얻을 수 있는 필(feel)이 온다는 것이다.

사진을 찍고 나서 바로 보고 싶다는 결핍의 발견이 1948년 세계 최초로 즉석카메라 '폴라로이드'를 만들었고, 전화기를 들고 다니면서 급할 때 통화하면 좋겠다는 발견이 '휴대전화'를 만들 수 있었다.

무엇이든 어떤 대상에 대해 집중하다보면 잠재의식이 나도 모르는 사이 문제해결의 열쇠를 준다는 것인데, 결핍이 정신을 사로잡을 때 우리가 가진 것을 효과적으로 사용할 수 있도록 주의를 집중시킨다고 한다.

카터칼을 발견한 일본의 종이재단 작업자 '오카다'도 마찬가지다. 그는 평소 많은 종이를 재단하다보니 칼이 무뎌져 새 칼을 사용해야 하는 결핍에 힘들어 했는데, 어느날 초코렛이 먹기 좋게 금이 가 있는 것을 발견하고 '바로 이거야~'라고하며 유레카를 외친 것이다.

결핍은 있어야 할 것이 없거나 부족한 상태로서 이러한 결핍이 간절한 욕구로 나타날 때 '표면 아래의 진실'(truths under the surface)이 서서히 모습을 드러내는 것이다.

그렇다면 아침마다 극심한 간선도로의 교통 체증을 해결하기 위해서는 과연 무엇을 어떻게 해야 할까? 내가 해당 도로를 운행하는 버스를 직접 이용하면서 주변의 교통상황을 체크하는 일인데 '내가 느끼는 결핍'을 '탑승객이 느끼는 결핍'이라는 관점에서 체험하고 관찰해 최선의 실행방법을 강구할 때 가능하다.

어떻게?(how)하면 잘 해결할 수 있을까를 생각하면서 해당 자료들을 충실히 검색하는 것은 물론 민원현장에서 이해관계자들의 행동을 관찰하면서 기획의 성공가치를 높여가야 한다. '에이 머리 쓰기 싫다. 만나기 싫다, 골치 아프니 대강 하지 뭐'라고 생각하는 습관을 '최소자원 활용전략'이라고 정의하는데, 이런 식이라면 대한민국의 미래는 희망을 만들어 가기가 어려울 것이다.

디테일 차이가
최고와 최악을 낳는다

"공 주무관! 공무원에게 디테일이란 무얼까?"

"우문현답, '우리의 문제는 현장에 답이있다'처럼 주민의 삶의 질을 높이기 위한 의식적인 관찰 아닐까요."

"그렇지! 세심한 관찰사고를 통해 주민에게 감동을 주는 정책 콘텐츠를 만들어 내야 한다고 생각해"

행정서비스 제공주체인 공무원들이 디테일하지 않는다는 것은 '최악과 위험'이라는 비극을 불러일으킬 우려가 그 만큼 높다는 의미가 아닐까? 큰 저수지의 둑이 무너지는 것은 처음에는 수 많은 개미들의 작은 움직임에서 비롯된다는 사실이 디테일의 교훈이다.

내가 토목과 직원이라면 보도 블럭의 간격이 넓어 여성의 구두굽이 빠진다거나 강우로 침하된 물웅덩이(포트홀) 도로를 찾는 성실한 자세가 디테일이 아닐까 한다. 도로에 싱크홀이 많이 발생하는 이유는 노후하수관의 문제이거나 하수도 공사 후 마무리라고 할 수 있는 '흙 되메우기'를 부실하게 한 탓이다.

2015년 경주의 마우나 리조트 붕괴사고는 지붕의 패널을 고정하고 볼트 하나를 박는 것과 같은 작지만 중요한 일을 제대로 마무리 하지 못한 결과다. 2017년 7명의 사상자를 낸 용인타워 크레인 붕괴사고 또한 한 분야의 기계장치결함에 무게를 두고 있다.

오래 전의 일이지만 화성시 서신면 백미리에 위치한 화성씨랜드 컨테이너 수련원 건물 3층 에서 불이나 잠을 자고 있던 유치원생 23명이 숨지는 사고가 발생했다. 이는 담당 공무원의 현장 확인이 생략된 형식적 관리감독, 컨테이너 박스 형태의 취약한 건물구조, 비상벨조차 작동되지 않았던 허술한 소방 설비에 이르기 까지 주민 안전을 담보하기 위한 디테일의 흔적은 그 어디에도 찾아볼 수 없었다는 사실이다.

100 − 1 = 0

정책에서 '주마간산'이라는 말에는 최고가 아닌 최악만 있을 뿐이며, 공공시설물이 디테일해야 하는 것은 국가와 지역의 경쟁력과 연결될 수 있을 것이다. 너무 세심하게 챙기지 말라는 말은 주민의 목숨을 앗아가는 대형사고의 원인을 방치해도 된다는 말과 무엇이 다를까?

혹자는 '사소한 것에 목숨 걸지 말라'고 했지만 사소한 것이 더 중요할 수 있기에 매사를 주마간산 격으로 대충 대충 보지(看)말고 의식적으로 세밀하게 살펴볼(觀) 때 놀라운 영감이 발휘될 수 있다.

관악구는 공공청사의 1층 내부공간과 외부 광장을 활용해 작은 도서관을 지으면서 디테일의 공식을 적용했는데 이용자들의 반응이 좋다. 작은 도서관이란 '작은도서관진흥법'에 정의한 대로 10평 이상의 공간을 말하는데 여기에 디테일을 추구하지 않으면 수백권의 책과 몇 개의 열람석에 만족해야 하므로 '대강 철저히'라는 불완전한 공식이 완전히 배제됐다. 높은 천정을 활용해 복층을 구상했고, 도란도란 이야기방을 만들어 독서 토론이 가능하게 했다. 주민들의 접근성을 고려해 출입구를 청사 외부에 설치했는데 이용자 중심의 컨셉이 눈에 띈다. 또한 도서관 전면이 무대 중앙으로 인식되게끔 설계해 북 콘서트(book concert) 등이 가능하게끔 한 것도 특징이다.

인기 소설가 김훈 씨는 개(犬)의 일거수 일투족을 디테일하게 관찰하면서 우리의 인생을 비유해 '개'라는 소설을 썼는데 "영감이란 누구도 관찰하지 못하는 작고 보잘 것 없는 것을 주의 깊게 살펴볼 때 비로소 발현되는 것이다" 라고 했다.

작고 섬세한 곳에 정성을 쏟는 디테일의 중요성은 문학과 예술, 과학, 정치를 넘나들며 우리에게 교훈을 안겨주고 있다.

그럼 디테일(detail)의 어떤 효용성 때문일까?

2014년 노벨물리학상을 탄 나카무라 슈지는 '장인적인 감'이라고 했다. 실험장비를 직접 손으로 만들면서 미묘한 변화와 세밀한 차이를 발견하는 노력을 통해 세계최초의 고휘도 청색 LED 개발에 성공할 수 있었다는 것이다.

이처럼 작고 미세한 흐름을 관찰하거나 남이 보지 못하는 사소한 곳에 심혈을 기울이는 장인정신이 디테일과 맞닿아 있기 때문에 디테일 하고, 하지 않고의 차이가 '최고와 최악', '안전과 위험'이라는 극단으로 작용할 수 있다. 그리고 보면 세상에 그 어떤 위대한 과학 · 문학 · 예술 · 정치행정도 디테일(detail)하지 않은 것이 없다고 할 것이다. 따라서 주민에게 신뢰받는 행정은 물론 주민생활의 안전을 책임진 공무원의 디테일은 기획의 중요한 가치로 인식돼야 한다.

2

피드백을
확실히 행하라

피드백은 '~ 라면'을
만들지 않는다

> "공 주무관! '난'기르는 법 잘 알고 있나?"
>
> "예 과장님. 주기적인 물주기가 중요하다고 알고 있습니다. 그런데 갑자기
> 난에 대한 말씀을 왜 하세요?"
>
> "기획의 추진과정도 난의 물주기처럼 주기적인 점검을 소홀히 한다면 좋은
> 결과를 얻을 수 없다는 거지."

　이 세상에 자신만큼은 세상을 있는 그대로 정확하게 보고 있
다고 생각하는 것을 심리학에서는 '소박한 실재론'이라고 한다.
하지만 실제는 이와 다르다. 내가 보는 나의 얼굴과 상대방이
보는 나의 얼굴은 다르며, 내가 말하는 나의 언어표현과 상대
방이 듣는 나의 언어표현에도 차이가 있을 수 있다. 또한 내가
생각하는 사물과 상대방이 생각하는 사물 또한 그 관점이 다를
수 있다.

　어떤 문제가 발생했을 때 해결책을 제대로 찾지 못하는 이유

는 문제의 본질이 무엇인지를 제대로 피드백하지 않고 자기중심에서 프레임하였기 때문이다. 비록 내가 만든 기획이라 하더라도 주변의 환경요인들에 의해 수시로 바뀔 수 있기 때문에 자기중심적 편견은 문제해결에 걸림돌이 될 수 있다. 따라서 혼자만의 생각으로 내가 작성한 기획이 아무런 문제없이 잘 흘러가고 있다고 생각한다면 착오일 수도 있다.

사업의 추진과정에서 어떤 현상을 문제로 착각했을 경우, 시의적절한 개선이나 보완책을 강구하는 피드백이 필요하다. 내가 기획한 정책이 '~라면'이 되지 않고 성과를 만들어 낼 수 있도록 하기 위해서는 시작에서 끝까지 기획과 점검 · 평가 · 개선으로 이어지는 '피드백(feedback)'이 있어야 한다.

피드백은 기획의 피날레다

또한 이러한 피드백을 통해 도출한 문제점에 대해서는 어느 시점(골든타임)에 인적 물적 자원을 투입해야 할지가 기획사업의 성패를 좌우하는 중요한 요인이 될 수 있다. 버스 지나간 후 '진작에 손을 흔들었더~ 라면'이라고 후회해도 버스는 다시 돌아오지 않는다.

세월호 재난 발생 이후 '~라면'이라는 말이 곳곳에서 불거져 나왔다. "선실에서 대기하라"는 잘못된 방송을 하지 '않았더라면', 승선자 명부를 정확히 '기록했더라면', 초기 실종자 숫자를 놓고 '오락가락 하지 않았더라면', 선실 증개축만이라도 '규제했더라면' 등의 후회를 언급한 일이다. 최근 영흥도 낚싯배 사고, 제천화재 사고도 '~ 라면' 후회를 되풀이 하고 있다. 삼양라면 농심라면이 아니라 '이렇게 했더~ 라면' 대형사고를 막을 수 있지 않았을까? 라는 자기성찰의 목소리다.

≫ 서울의 한 자치구에서 건립 중이던 체육회관 지붕이 붕괴해 인명피해가 발생하고 말았다. 하부 기둥에 균형 있게 콘크리트를 '타설했더라면'의 원칙을 어긴 것이다.

따라서 내가 기획한 사업에 대해 지속적인 환류가 필요한데, 사업 시행 전 · 중 · 후 불거져 나온 문제점들이 또 다시 투입(input)되는 과정 속에서 제대로 걸러져야 하기 때문이다. '기획의 지고지순한 진리가 정책의 실패와 성공의 원인분석에 있다'는 말처럼 성과를 만들어낼 수 있도록 점검하고 평가하는 일은 기획의 중요한 절차다. 특히 공(公) 기획은 이윤추구를 목표로 하는 사(私) 기획과 달리 주민들이 안전위험에 노출되지 않도록 절차의 합리성 준수를 우선시해야 한다.

기획의 완성이란 최초의 시작만이 아니라 마지막까지 관계전문가들과 함께 원활한 피드백(점검, 평가)이 이루어질 때 까지이므로 공무원들이 각자의 사업추진과정에서 작은 문제라도 간과하거나 안이하게 대처한다면 '~라면의 후회'로 이어질 수 있음을 명시해야 한다.

정책학에서 말하는 정책피드백은 정책추진과정을 점검하고 정책결과를 종합적으로 평가하는 두 영역으로 나누어져 있으며, 특히 정책 집행과정 평가가 핵심을 이루고 있음을 기억해 두자.

① 현재의 집행계획에 의거 활동이 제대로 이루어 졌는가.

② 계획된 양과 질의 자원(인적, 물적)이 계획된 시간에 투입되었는가

③ 원래 의도한 정책대상 집단에 실시되었는가.

④ 관련된 법률이나 법규에 순응하고 있는가 등을 평가한다.

tip 〉 야구의 마무리 투수 역할

야구에서 승리하기 위해서는 경기전체의 흐름을 철저히 분석하고 최적의 시점에 마무리 투수를 투입하는 과정이 '야구의 피드백'이라고 할 수 있다.

처음에 투입된 투수의 피로도 등을 종합적으로 판단해 적정 시점에 마무리 투수가 투입돼 경기를 승리로 이끄는 위기관리 전략이라 할 수 있다. 이러한 피드백이 잘 이루어지지 않아 무기력한 경기가 계속된다면 흥미를 잃은 무심한 팬들은 하나 둘씩 경기장을 떠날 것이다.

기획의 성패,
민관의 갈등관리에 있다

"공 주무관! 정책추진에는 늘 주민과의 갈등이 존재하지."
"예! 집단민원이 발생할 때는 경청과 대화를 통해 지혜를 내야하는데 쉬운 일이
아닙니다."

공무원들이 각종 정책사업을 추진하는 과정에서 발생하는 민원사항은 환경권과 재산권 같은 첨예한 이해관계가 대립해 민감해 질 수 밖에 없다. 특히 쓰레기 소각장과 같은 주민 기피시설의 경우 환경오염과 지가하락 등이 맞물려 극심한 갈등이 빚어지기도 한다.

2003년 부안군의 방사능 폐기물처리장 유치는 결국 다른 지역에 유치되면서 일단락되었지만, 공무원과 주민들 간에 갈등을 증폭시켜 양쪽에 막대한 정신·재정·시간적 낭비를 초래했다. 지자체에서 직접 시행한 사업은 아니었지만 경부고속철도 천성산 터널공사의 경우 자연생태계보호를 위해 공사 중단

을 요구하는 지율스님과 정부 측의 강행 주장이 팽팽히 맞서 터널공사가 장기간 지연됨으로써 막대한 비용 손실을 감수해야만 했다. 대도시 갈등의 대표적인 주택재개발사업은 주거보상 비용이 턱없이 부족해 세입자들이 안정적인 주거여건을 보장받기 어렵기 때문에 목숨을 건 투쟁이 벌어지기도 한다. 이러한 집단민원이 발생하면 주민들이 생업을 제쳐두고 관청을 점거해 항의농성을 하는 등으로 행정력의 낭비는 이루 말 할 수 없다. 이렇게 민주주의 사회에서 갈등은 늘 있게 마련이다.

진심으로 소통하고 경청해야

정부나 지자체에서 발생하는 집단민원은 민간기업과 달리 생존권에 위협이 될 수 있으므로 갈등 해소라는 가외성을 늘 염두에 두고 기획해야 한다. 민간 기업 제품은 좋지 않을 경우 구매하지 않아도 된다. 하지만 지자체의 정책반경에 있을 때는 구매의사와 상관없이 주민들이 영향을 받기 때문에 주민과의 소통을 강화하면서 최선의 대안을 강구해야 한다. 따라서 정책기획의 전제에 있어 민원 환경분석이 필요하며 그곳에 살고 있는 주민의 물리적 반대가 강해 '합의점'을 찾기가 어려울 경우 시행유보나 대안을 검토할 수밖에 없다. 서울시 옥바라지(서대문 형무소에 투옥되었던 일제강점기 애국지사와 군부독재정권시기 민주화 인사와 가족들이 머물면서 옥바라지를 한데서 지어진 이름) 재개발사업의 경우 주민들이 반대하면 서울시가 소송을 당해도 중단하겠다고 한 경우가 대표적인 사례다.

민과 관의 시각차를 줄여야

민관이 서로가 이익이 되는 방향으로 사업을 시행하되, 소수의 의견이라도 반영하는 절차적 노력은 간과하지 말아야 될 것이다.

공무원들이 전문기관에 용역을 의뢰해 환경영향평가나 비용편익분석을 실시해 타당성 확보에 노력하고 있으나 주민들이 지적하는 것은 사업추진을 정당화하기 위한 출구전략이라는 시각이 많아 문제가 발생한다. 공익을 위한 필수불가결한 사업이라 하더라도 민관의 시각차가 현저할 경우 사업 중단이 불가피하므로 서로의 의견을 많이 들어야 한다.

민원발생을 사전에 예방하기 위해서 행정예고는 필수적인 절차이고 공청회, 사업설명회, 델파이 등의 다양한 방법으로 현장의 여론 수렴이 필요하다. 그렇다면 갈등이 발생하였을 경우 효과적인 해결방안은 무엇일까?

첫째 갈등문제 해결접근 방법을 알아두어야 한다.

▶ **1단계는** 갈등규명단계로 갈등을 인식하고 정의 내려야 한다.
yes/no가 아닌 육하원칙에 의거 질문해야 하는데 지금갈등

을 겪고 계십니까? 그렇다면 사실을 있는 그대로 말씀해 보
십시오(왜 그런 입장을 취하십니까?)

▶ **2단계로** 갈등발생과정의 상황을 분석하고 원인을 규명해야
한다. 서로 사랑하는 정상적인 부부인 것처럼 보였지만 보
이지 않는 마음속 깊은 곳에서는 갈등이 너무 커져 버린 탓
이겠죠, 대체 어떤 갈등이 있었길래…

▶ **3단계로** 여러 해결 방안 중 최선의 것을 결정한 후 실행계획
을 수립한다.
39세의 4인 가족 가장인 김 차장은 자동차를 사려고 합니다.
외제차가 튼튼한데 안전을 위해 외제차를 살까? 연료절약,
주차 편리를 위해 소형차를 살까?

▶ **4단계로** 실행을 위한 자원을 확보하고 통제사항을 조정한다
구슬이 서말이라도 꿰어야 보배라는 말이 있습니다. 아무리
좋은 계획이라도 실행하기 좋은 여건을 만들지 못하면 소용
이 없겠죠!

둘째 승승 전략을 구사할 수 있는 협상스킬을 가져야 한다.
협상주제와 사람관계를 분리시키고, 상대방의 주관적 입장보
다 이해관계에 초점을 두어 상호간에 이익을 얻을 수 있는 대안
을 개발하는 것이 필요하다.

셋째 신뢰감이 중요하다. 갈등당사자들이 자기의 조직이나 상대집단에 대해 먼저 솔직함과 신뢰감을 느낄 수 있는 진정성 있는 분위기가 조성돼야 갈등을 긍정적으로 다룰 수 있다.

넷째 원활한 의사소통이다.

실제로 상대방과 대화할 때는 성격스타일과 태도에 따라서 유연성을 발휘할 수 있어야 한다. 듣기기술, 질문기술, 비언어적 표현기술 등이 중요한데, 본인이 상대방의 말을 받아 들일 때와 의사를 전달할 때 주의를 기울여야 한다.

그리고 가급적 당사자의 의견을 경청하는 것이 좋은 대화 방법인데 그냥 듣는 것(聽)이 아니라 귀 기울여 듣고(傾聽) 나아가 공경하는 마음으로 가슴깊이 새겨들어야(敬聽) 한다.

갈등은 선(善)과 악(惡)이 아니며, 효율성보다는 정당성의 측면에서 충분히 소통하면서 잘 해결해 나가면 커다란 성장에너지가 될 수 있다.

필자가 공무원교육원의 변화촉진 교육에서 가로노점상 정책 갈등에 대해 롤 플레이를 한 적이 있는데, 법과 현실의 괴리에서 오는 민원에 대해 당사자가 합의점을 찾는 것이었다.

한쪽에서는 자치단체의 입장에서 불법노점상을 단속해야 하는 입장이고 한쪽은 노점상 입장에서 먹고 살길이 없으니 생계

대책을 세워달라는 것이다.

결국 공익과 사익 사이를 오가며 타결의 실마리를 찾기 위해 노력해 보았으나 서로의 입장만 주장하다가 양쪽이 합의하는 대안을 찾지 못했던 기억이다. 이처럼 비록 갈등 협상에서 상대방의 의견에 동의하지 않았다고 하더라도 상대가 어떤 입장에 처해 있는지 '이해하고 공감하는 노력'이 무엇보다 필요하다.

고건 전 서울시장께서 '토요데이트'라는 시민대화의 날을 운영한 적이 있다. 주민들의 억울한 민원을 해결하는 자리였는데 문제해결은 어려웠으나 함께 공감하면서 가슴 아파하고 경청하는 것만으로도 울분이 풀리어 돌아갔다고 한다.

민원실 1층에 대형신문고를 설치해 두었다고 '누가 북을 두드리겠냐!'마는 주민의 억울한 민원에 귀를 기울이겠다는 상징성이 아닐까?

천재의 기억보다
바보의 기록이 낫다

"과장님! 지자체가 백서 白書 를 발행하는 것은 주민들에게 정책을 알리고 평가와 반성의 기회로 삼기 위한 것 아닐까요?"

"그렇지 지자체 1년의 행정사 기록으로 세밀하게 정리해야 하는데 대충 대충 만들어 진다는 아쉬움이 있지."

지자체 백서는 자치단체가(도, 시, 군, 구) 1년 동안 위민을 실행한 지방의 역사기록이다. 조선시대 실록이 어떻게 만들어졌는가 생각하면 백서를 만드는 공무원들의 태도와 자세는 변해야 한다.

백서의 사전적 정의를 보면 '정부가 정치 · 경제 · 사회 등 각 분야의 문제에 대해 그 현상을 분석하고 장래의 정책을 수립하기 위해 발표하는 보고서'인데 지자체의 시정, 구정백서들이 매년 수백만 원의 예산을 들이는데도 형식적으로 발행하고 있는 곳이 많은 실정이다. 현재 백서를 발행하는 형태는 각부서의

서무주임이 1년 동안 부서에서 한 일을 백서 양식의 틀에 단순히 끼워 넣는 형식인데 대부분 사업개요와 통계수치 위주로 작성하다보니 부실하기 짝이 없다.

지자체 대다수가 의례적인 간행물로 인식해 신경쓰지 않는 것은 물론 아예 백서를 만들지 않고 있거나 CD 파일로 만드는 지자체도 상당수 있는 것으로 알고 있는데 이는 개선해야 한다는 생각이다.

필자 또한 관련부서장으로 있을 때 예산사정이 워낙 어려운 때라 CD 파일로만 만들자는 직원 건의를 수용하였지만, 한해의 역사를 정리하고 지자체의 기록을 보존한다는 측면에서 종이 문서로 만들어 관리해야 한다는 기본입장에는 변함이 없다.

2017년 제5회 대한민국 지방자치박람회에서 수원시가 우수정책사례로 내놓은 '기록은 민주주의다, 기록하는 도시, 수원〈사진)'에서 지자체의 백서를 다음과 같이 정의했는데 모범답안 같아 옮겨보고자 한다.

"백서는 사업을 정리하는 보고서 양식으로만 정리해서는 안 된다. 사업전반은 물론 그 사업 중심에 있는 '사람'을 기록해야 한다. 모든 정책의 중심에는 사람이 있고 사람이 문제를 해결한다. 그 과정을 생생한 기록으로 남겨야 한다."

필자기 기획예산부서장으로 있을 때 초선 지방의원들이 가장 많이 찾는 자료가 구정백서였는데, 공무원들이 각종 시책기획에 있어 객관적인 정보로 활용함은 물론 자치행정을 연구하는 학생이나 학자, 주민들에게도 지역전반을 이해시키는 기초 정보원이기 때문이다.

따라서 지자체 백서는 단순히 1년간의 실적기술에 초점을 둘 것이 아니라 지역의 현안사업을 객관적으로 평가하고 정리함은 물론 장애요인 극복과정들도 심층적으로 기술함으로써 지역사회 전반을 이해할 수 있는 의미 있는 공공기록물이 될 수 있도록 해야 한다.

디지털 기록의 약점

자자체 백서와 연감 등을 알차게 발간하는 일은 이를 필요로 하는 공무원이나 주민들에게 공적자료로 유용하게 활용되고, 나아가 지방의 역사를 소중하게 보존하는 일이 될 것이므로, 행정안전부에서도 지자체의 백서가 사료(史料)의 역할을 할 수 있도록 종이책 제작을 원칙으로 체계적인 작성 기준을 제시할 필요가 있다고 할 것이다.

또한 수원시가 지역역사와 문화의 허브역할을 할 수 있는 기록관 건립을 추진하고 있는데, 지자체마다 주민 누구나 손쉽게 이용할 수 있는 지역 기록관 설립이 절실히 요구되고 있다.

2016년 충북 청주에서 열린 직지페티벌에 참석한 루이스 다트넬 영국 훼스트민스터대 교수는 "종이나 인화지가 아닌 서버에 저장된 '디지털 기록'은 한순간 사라질 수 있다"고 했다. 그는 "컴퓨터에 기반해 만들어진 기술문명은 '기억과 보존'이라는 측면에서 매우 취약해 종이책이 문명을 복원할 수 있는 블랙박스이므로 중요한 기록은 파일보다 종이에 담아 둬야 한다"고 했다. '천재의 기억보다 바보의 기록이 낫다'는 말이 있다.

조선시대 춘추관, 규장각, 왕실서고들이 있었기에 우리나라의 역사가 더욱 계승 발전되고 있으며, 당시 관리(官吏)들의 기록관리 정신 때문에 우리의 후손들이 생생한 역사의 향기를 지금도 맡을 수 있다는 사실이다.

수원시는 최근 세계 기록유산인 '화성성역의궤'의 뛰어난 기록을 바탕으로 수원화성 복원을 완벽하게 했다. 수원화성은 복원을 통해 세계문화유산으로 등재된 최초의 사례이며, 220년 후 미래 후손들에게 소중한 관광자원이 되었음을 긍지 높여 알리고 있다.

이와 반면에 불과 흙의 과학이라고 할 수 있는 고려청자와 조선백자의 제조 기술이 후손에게 전수되지 않은 것은 왕과 관료 중심의 기록문화 때문이 아닐까 한다. 도기와 자기를 합친 도자기는 흙의 상태와 굽는 온도, 흡수율, 유약, 문양 등에 대한 상세한 기록 부재로 인해 당시의 기술을 온전히 재현하는데 한계가 있다는 점이다.

국가든 지방이든 민간이든 기록물을 남기려는 노력은 늘 있어야 하며, 이러한 기록물들을 제대로 관리할 수 있는 '기록관'을 두어 후손들에게 밝은 미래를 만들기 위한 소중한 자료로 활용될 수 있어야 한다.

3

기획의 영향요인을
고려하라

자치행정에
협치 트렌드가 있다

"공 주무관! 행정서비스의 일반적인 시각은 공무원이 공급자이고 주민이 수혜자였지"

"과장님 지금은 민관협치의 시대이기 때문에 행정의 패러다임도 바뀌어야 하지 않을까요?"

"그렇지, 지역의 현안은 주민과 함께 해결해야지"

민선지방자치시대가 20년이 지났지만 아직까지 일상생활에 친숙하게 다가오지 못하고 있다는 평가다. 결국 지방공무원들이 기획의 과정에 민관의 협치를 '어떻게 녹여갈까'가 관건인 것이다. 이에 일부 지자체에서는 '민관협치활성화를 위한 기본조례'에 근거 별도의 기구를 만들어 협치사업을 시행하고 있다. 각 부서시책에도 협치적 요소가 적극적으로 반영(민관협치 영향평가)될 수 있도록 함은 물론 '마을회의'와 같은 주민인식제고를 위한 협치교육들도 진행하고 있다. 하지만 최근에 신설된 협치부서들은 주민참여예산, 마을 공동체 등과 같이 기존업무의 연장선에서 협치 업무가 수행되고 있는 바, 각종 정책들이 민관의 공론화 과정에 기반해 민주적으로 기획될 수 있도록 행·재정적인 지원에도 최선을 다해야 할 것이다.

현재 관악구는 모든 정책·사업기획서 첫페이지 사전검토항목에 '협치BOX'를 만들어 협치대상과 방법을 명시하고 협치 파트너와의 협의 과정을 진행하였는지와 그렇게 하지 않았을 경우 그 사유를 기재토록 하고 있는데 협치기획의 진전된 발상이 아닌가 생각해 봤다.

바야흐로 민관의 협치 시대를 맞이해 행정안전부를 비롯한 지방자치단체에서 동 단위 민관협치를 뿌리내리고자 하는 시도들이 활발하게 일어나고 있는 것은 바람직한 현상이다.

특히 '지방자치는 있고, 주민자치는 없다'는 종전의 한계를 극복하기 위해 일선행정의 혁신이 진행중인데, 전국적으로 '읍면동행정복지센터'이고 서울은 '찾아가는 동주민센터' 사업이 대표적이지 않을까 한다. 따라서 읍면동 직원들은 과거처럼 민원서류를 발급해 주는 수동적인 행정이 아니라 공무원들이 직접 주민 속으로 파고 들어가 지역의 문제를 함께 해결해 가야 한다는 기획취지를 이해해야 능동적인 업무처리가 가능하다.

서울시 '찾아가는 동 주민센터' 사업의 경우 복지, 마을, 건강에 이르기까지 지역의 현안문제를 해결해가기 위한 새로운 협치 기획시도다.

자치구 한 개 동당 최소 4명에서 9명까지 사회복지공무원을 확충함으로써 이들이 '복지플래너'가 돼 통반장, 주민자치위원들과 함께 위기가정을 찾아 나서고, 급속한 고령화 사회와 맞물려 방문간호사가 배치돼 노인의 건강문제도 살피는 임무가 주어진 것이다. 이는 곧 관주도의 행정에서 벗어나 민관의 유기적 협력을 통해 보편적 복지를 강화해야 함을 의미하고, 마을공동체를 활성화해 이웃 간의 담을 허무는 소통문화 형성을 목표로 한다는 점에서 민원발급 위주의 동 주민센터가 변화의 길목에 있음을 직원들이 느껴야 한다. 이러한 변화추구에도 불구하고 주민 우려의 목소리는 만만치 않다.

찾동(찾아가는 동주민센터) 이후에도 취약계층의 자살사건이 이어지고 있는 등 사회복지안전망이 실효를 거두지 못하고 있다는 평들이 공무원들의 안일함을 질타하고 있다. 사회복지인력이 대폭 강화되고는 있지만 현실을 개선하려는 기획적 사고가 결핍돼 일선 사회복지공무원들의 역할이 겉돌고 있어, 막대한 인건비로 인한 재정부담만 가중시킨다는 지적을 깊이 새겨들어야 한다.

주민자치회 중복성과 장애요인 걸러야

이와 함께 2013년 5월 제정 시행된 '지방분권 및 지방행정체제 개편에 관한 특별법'에 따라 지난해부터 서울시가 일부자치구를 대상으로 '서울형 주민자치회'의 시범운영이 추진되고 있다. 그러나 '주민자치'의 강화가 민의의 대변자인 지방의회는 물론 기존 주민자치위원회와 가치가 충돌되면서 주민들이 여러 문제를 제기 하고 있어 향후 성공적 안착을 위한 직원들의 적극적인 역할이 요구되고 있다.

현재의 주민자치위원회가 주민자치기능 및 주민을 위한 문화 · 복지 · 편익기능을 원활하게 수행하고 있으며, 주민자치센터(서울시의 경우 자치회관)를 통해 각종 문화여가 프로그램 등이 일상생활 속에 뿌리내리고 있기 때문에 옥상옥(屋上屋)이 될 것이라는 점이다.

'서울형 주민자치회'의 구성안을 살펴보면 자치단체장이 자치위원을 50명으로 위촉하고, 활동보조비를 받는 유급간사와 자치회를 실질적으로 이끌어갈 중간지원조직으로 자치지원관을 시(市) 예산으로 채용해 지역현안을 해결해 나가겠다는 취지다. 주민들은 이렇게 하더라도 결국은 동 주민센터의 지원 없이는 원활한 운영이 어려울뿐더러 유급인력들은 소수의 시민활동가들이 독점함으로써 건강한 주민자치를 기대할 수 없다고 말하고 있다.

주민자치회가 현행 자문기능에 협의기능(동 지역 발전계획, 마을 만들기, 혐오시설에 대한 의견수렴 등)을 추가하고, 위탁업무수행(자치회관 운영, 공원 등 공공시설물 관리, 자원봉사활동지원 등)과 자치업무(마을 소식지 발간, 자율방범 및 등하룻길 안전관리 등)를 하기 위해 자체재원을 마련할 수 있도록 하고 있지만, 그 많은 무보수 명예직 위원들의 위촉도 어려운 실정에서 자신의 직업을 마다않고 활발한 활동이 가능할까 우려 하고 있는 것이다. 따라서 동 단위 민관협치의 경우 총론에서는 바람직하지만 각론에 들어가면 그 기능과 역할 면에서 지방의회와의 기능적 중첩성과 주민참여 의지 등의 문제점 해결이 선행돼야 한다는 입장을 동(洞) 직원들이 잘 이해해야 원활한 주민자치기획이 가능하다는 사실이다.

　민관 협치가 일방적, 수직적 관계가 아니라 쌍방향적, 수평적 관계라는 점에서 국민주권주의와 민주주의 사회의 새로운 시대 이념이라고 할 수 있다. 하지만 아직까지 쓰레기 무단투기 행위 등을 비롯해 내 집 앞 기피시설은 절대 안 된다는 님비 문화가 가시처럼 박혀 있다는 점에서 주민자치의 바탕이 되는 성숙한 주민의식 또한 풀어야할 과제라고 할 수 있다.

官·官의 협력

민관의 협치 못지않게 지자체 간에도 경계를 해체하고 서로가 윈·윈할 수 있는 협력사업을 해야 한다는 목소리가 높다.

전통적인 광역행정의 방식으로 행정협의회 운영, 공동처리 및 연합 방식 등의 형태들이 있는데 지자체 단독으로 처리하기 곤란한 사무의 경우 지자체 상호간의 원활한 협력은 필요하고 바람직하다고 할 것이다.

한때 행자부가 기획해 추진했던 '지역행복생활권 사업'은 관·관의 협치를 추구하는 대표적인 사업이다. 인근 자치단체와 연계해 지역의 생활 밀착형사업을 발굴함으로써 긍정적인 외부효과(positive externality)라고 할 수 있는 주민의 행복 추구가 가능하다고 본 것이다.

서울시 서남권의 경우 7개 자치구가 있는데 강서, 양천, 구로, 영등포, 금천, 관악, 동작으로 구성돼 있고 경기도 수도권의 김포, 부천, 광명, 안양, 군포, 과천, 의왕 등 7개시와 연계해 협력 사업을 발굴토록 제안했다.

필자가 판단컨대 긍정적인 효과가 기대되었기에 각 부서에 아이디어를 받아 보라고 했더니 과천, 안양, 금천 등과 함께 할 수 있는 사업으로 관악산 둘레길 조성사업, 안양천 생태하천 가꾸기 사업 등 여러 가지가 제출됐다. 재정적지원 한계 등의 이유로 선정되지 못했지만 관·관의 협치가 가능한 이 사업들이 자치행정의 트렌드라는 것은 사실이다.

내가 지역의 쓰레기 문제로 고심하고 있다면 광역단위에서 양 지자체가 윈·윈하는 방안을 강구하는 것이 필요한데, 지자체(관·관)가 서로의 단점과 위기를 장점과 기회로 만들 수 있는 협치의 원리를 통해 부가가치를 창출할 수 있는 방안이 바람직하다.

여기서 유의할 점은 어떠한 지역 특성에 기반해 사업을 하는 것이 효과적일지를 생각해야 하는데, 아무리 좋은 공동 처리방식이라고 할지라도 지역주민의 입장에서는 님비와 핌피가 있을 수 있다. 님비(Nimby)는 주요 기피시설인데 우리지역에 설치하지 말아 달라는 것이고, 핌피(Pimfy)는 우리지역에 선호시설을 설치해 달라는 것이다. 지방 공무원들이 양쪽 지자체 주민을 위해 반드시 필요하다고 인식된다면 '나는 훌륭한 일을 기획했다'는 강력한 자기암시를 통해 반대편의 이해관계자를 적극 설득할 수 있어야 한다.

"공 주무관! 환경기초시설 빅딜에 대해 들어본적 있나?"
"자자체 각자마다 설치하기 보다는 시설을 공동으로 이용하는 것이 효과적이지 않을까요?
"구로구의 생활쓰레기는 광명시 자원회수시설에서, 광명시의 생활하수는 서울시 가양하수종말처리장에서 처리함으로서 윈·윈 할 수 있었지!"

안전에
과유불급은 없다

"공 주무관! 행정안전부의 변천사를 잘 알고 있나?

"지난 정부때 '자치행정부'로 개편하고 국민안전처를 신설했지만 재난대처 능력에는 문제가 많아 현 정부에서 다시 '행정안전부'로 바뀌었죠."

2014년 세월호 사고는 국가의 재난 안전대책이 '불급'만 있고 '과유'가 없는 무기력한 행정력이 낳은 인재다. 국민 안전의 컨트럴 타워라고 할 수 있는 중앙정부에서 사망자 통계에서부터 사고수습을 위한 전문가동원 등 재난 대책 전반에 걸쳐 실수의 민낯이 드러나고 말았기 때문이다.

현장에서 안전을 지휘해야 할 해양경찰도 이렇다 할 응급조치를 하지 못하였으며, 여객선을 운행하는 선장과 직원들은 승객의 안전을 뒤로한 채 자신만의 살길 찾기에 급급했기에 총체적인 안전 불감증 사고가 아닐 수 없으며 이러한 사고가 단번에 왔을리는 만무하다.

이에 따라 안전행정부를 행정자치부로 바꾸고 국민안전처를 별도로 신설하였지만 이 또한 안전전달체계상 적절하지 않다는 판단하에 현 정부가 행정안전부로 조직을 개편해 안전을 총괄하고 있다.

하인리히 법칙

이른바 세월호 사고 이전에 발생한 크고 작은 사고가 대형재난으로 이어진 것이라는 판단인데 이러한 현상을 하인리히 법칙(Heinrich's Law)이라고 한다. 허버트 하인리히가 쓴 책 '산업재해예방'에 나오는데, 대형사고가 발생하기 전, 이와 관련이 있는 소형사고가 29회 발생하고, 이 사고들은 같은 원인에서 비롯된 사소한 증상들이 300번 이상 발생한다는 통계다.

"과장님 세월호 침몰사고 이전에 요양원화재사건, 체육관 붕괴사고, 판교테크노벨리 맨홀사고 등이 잇달아 발생하였는데 우연이라고 할 수 없네요!"

하인리히 현상이 발생했다는 것은 안전에 대한 시스템을 전반적으로 재점검해야 할 시점임을 나타내는 지표가 아닐까? '유비무환(有備無患)'이라는 말은 백번 들어도 틀린 말이 아니다.

공무원들이 자신이 추진하고 있는 업무가 '재난 안전'에 어떤 취약요인이 있는지 살피고 살펴서 사전에 인적, 물적 방안을 완벽하게 강구해야 하는데 그렇게 못했기 때문이다. 자연재난이든 사회재난이든 그 원인을 감추면 더 큰 사고가 발생하고 이를 반면교사로 삼아 대비하면 경험적 자산을 만들 수 있을 것이다.

≫ **재난(disater, 災難) – 뜻밖의 불행한 일**

– 자연재난 : 자연현상으로 인해 발생한 피해

– 사회재난 : 화재, 붕괴, 폭발 등 대통령령으로 정하는 규모 이상의 재해

따라서 안전기획에 관해 몇 가지 제안을 하고자 한다. 첫째, 지자체에서 '안전예산서'를 작성할 필요가 있다. 현재 성인지예산서는 작성하고 있지만 안전예산서는 그렇지 못하고 있다. 하인리히 법칙을 막을 수 있는 길은 안전에 대한 별도의 포괄적인 예산을 편성해 긴급한 재난대책에 사용될 수 있도록 해야 한다. 현재 지자체 재난안전기금이 있지만 매우 제한적으로 사용할 수 밖에 없으므로 만약의 사태에 대비해 재해 위험시설 보수, 이재민지원, 노후안전장비교체, 민관의 간담회, 재난 구조활동 지원 등의 포괄 예산이 충분히 확보 될 수 있어야 안전 대한민국이 가능하다.

둘째, 각종 위험시설물에 대한 주기적인 안전진단이 확행돼야 한다. 성남 판교 테크노밸리 축제 행사장의 맨홀안전사고

는 사전에 충분한 안전점검이 이루어지지 못했기 때문이다. 별
도의 안전관리기획을 수립해 행사장 주변의 위험요인 등을 세
밀하게 살펴야 하는데 그렇지 못해 인명피해가 발생한 것이다.
지금 우리의 생활 주변에서는 지하 낡은 하수관 주변의 토사가
빠져나가 발생하는 싱크홀의 문제를 비롯해 주민들의 안전을
위협하는 각종 위험시설 등이 곳곳에 상존하고 있다. 때문에
보수 보강이 필요한 D, E 급 재난위험시설은 물론 대형 행사장
과 건설사업장 주변의 위험 공공시설 등에 대해 정기적인 안전
점검(민간전문가 포함)을 실시하는 것을 비롯해 각종공사장의 안전
과 관련해서는 감리단의 역할과 기능이 소홀하지 않도록 기획
과정에 세심하게 반영해야 한다.

  셋째, 지진처럼 앞으로 더욱 가시화될 위험발생에 철저히 대
비해야 한다. 경주의 5.8도 지진은 우리나라가 더 이상 지진의
안전지대가 아님을 보여주는 실증적 사례가 아닐까 한다. 지진
학자들은 우리나라가 불의 고리인 환태평양 조산대에 근접해
있고, 부산 · 경남 · 경북은 140km에 달하는 양산단층을 비롯
해 크고 작은 단층대가 60여개나 존재하며, 지질학적으로 젊고
불안정한 신생대에 위치해 있어 언제 대형지진이 발생할지 모
른다고 한다.

  경주지진이 발생했을 당시 경주에 교사로 있는 외사촌에게
안부를 물었더니 문자메시지가 이렇게 왔다.

"난리났다. 학교자습감독 하고 있었는데 학생들 대피시켰다가 귀가시키고 아파트마다 전부 나와서 대피해 있고 우리 가족도 밖에 기다렸다가 11시쯤 집에 들어와 보니 화분 다 깨지고 싱크대 문이 열려 그릇 3분의 1쯤 깨져 난리고 정수기 넘어져서 물 다 쏟기고 해서 조금만 치우려고 하는데 또 여진이 있어 부랴 부랴 밖으로 도망 나와 있다가 2시 넘어 들어가서 이제 일어났다. 서울도 흔들렸다는데 앞으로 더 큰게 오면 걱정이네"

지진피해를 거의 경험하지 못한 국민들이었기에 해당지역의 주민들은 놀란 가슴을 쓸어내려야 했으며, 국민들은 당시의 긴박했던 상황을 TV 방송 등을 통해 직접 확인할 수 있었다. 그런데 경주 지진의 상흔이 채 가시기도 전에 2017년 11월 인근 포항에서 5.4 규모의 강진으로 막대한 피해가 발생해 지진공포가 현실화 되고 있는 실정이다. 그런데 2015년 기준으로 우리나라의 공식적인 내진 설계율은 대상 건축물의 33% 수준에 그치고 있다는 통계다.

1980년대 후반부터 3층 이상 건물은 내진설계가 의무화돼 있다고는 하지만 관공서는 물론 학교, 병원과 같은 다중 이용 시설에 대한 내진이 아직까지 완벽하지 않은 상태라고 할 수 있다.

필자가 자치행정과장으로 있으면서 동주민센터 내진보강공

사를 위해 4억원의 예산을 반영하였는데, 재정이 어렵지만 무엇보다 시급한 사안이라고 판단했기 때문이다. 일본과 가까운 우리나라의 지진 위험이 갈수록 증가되는 상황에서 큰 지진시 많은 인명피해가 우려되는 대형건축물들이 내진설계를 얼마나 잘 이행하고 있는지 공무원들에게 되묻지 않을 수 없다. 이에 대형 지진에 대한 대처 경험이 많은 일본을 배울 필요가 있다고 생각한다. 각종 건물에 대한 일본의 내진설계는 어떠한지와 위기경보 발령시 침착하고 안전하게 대피하는 주민행동 요령 등을 벤치마킹해 우리나라 현실에 맞게 재정비하는 노력도 게을리 해서는 안 될 것이다.

≫ 재난위기경보는 관심(BLUE)→ 주의(YELLOW)→ 경계(ORANGE) → 심각(RED)의 단계로 발령되는데 구체적인 행동 요령을 숙지해 능동적으로 대응해야 한다.

넷째, 각종재난에 대한 골든타임을 놓치지 않도록 관리체계를 정비하는 것이다. 그 동안 중앙, 지방 할 것 없이 컨트럴 타워라고 할 수 있는 재난대책본부가 우왕좌왕하면서 자기의 역할을 제대로 소화하지 못해 골든타임을 놓쳐버리기 일쑤였는데 일사불란한 전달체계가 있어야 한다. 재난총괄부처(행정안전부)를 중심으로 육상, 해상, 공중사고 전반에 걸쳐 공무원의 역할을 분담하고 민간의 자원을 신속하게 동원할 수 있도록 협력체제를 강화하며, 실전에 버금가는 현장대응훈련을 주기적으로 실시해 만약의 재난사태에 대비해야 할 것이다.

과유(過猶)하고 불급(不及)하지 않아야

지구 온난화 현상 등으로 지진을 비롯한 예측 불가능한 계절별 재해가 갈수록 늘어나는 실정에서 지자체에서 매년 '계절별 종합대책'을 마련하고 있으나 그저 반복되는 일이라고 생각해 지난해 것을 그냥 베끼기만 한다면 대형사고는 불을 보듯 뻔 할 것이다.

특히 여름철에는 집중호우와 폭염이 극심해지고, 겨울철에는 강설과 (산불, 도심화재)는 물론 초미세먼지까지도 주민의 건강을 위협하고 있으므로 해당 공무원들이 현상과 문제를 깊이 인식해 문제점을 도출함으로써 항구적인 안전이 담보될 수 있도록 해야 한다.

재난안전대책은 자연재난, 사회재난 할 것 없이 위험관리를 위한 현실대책으로 재난유형과 대처방식에서 있어 전체적으로 누락이 없도록 미시원리에 따라 효과적이고 논리적으로 전개해 간다면 기획의 완성도를 높일 수 있다.

집중 호우의 경우 산과 도심에 따라 주택침수와 산사태로 나누어 대책을 강구하고, 폭설시에는 간선도로와 이면도로에 따라, 화재의 경우 도심화재인가 산불인가에 따라 대응수단과 처리방식이 달라지기 때문이다.

최근의 제천의 목욕탕과 밀양의 노인요양원 화재사고가 대형사고로 번진 것은 대처방식에서 있어 심각한 '누락'이 발생한 것이다. 도심 화재 취약시설을 민간시설, 공공시설로 나누고 이용자의 경우 일일 50명 미만 시설, 100명 이상시설로 나누어 효과적인 예방대책을 강구하였더라면 인명 피해가 그리 크지 않았을 것이다.

세월호 사고를 비롯해 최근의 연이은 화재가 대형사고로 번진 현상은 현재의 문제이기 보다는 오래전부터 누적된 안전 불감증이 '하인리히 법칙'으로 이어지고 있다는 점에서 앞으로 더 큰 화재가 우려되지 않을 수 없다.

따라서 대규모 인원이 투숙하고 있는 호텔을 비롯한 주민다중이용시설물에 대해 관련행정기관의 일제점검이 절실하다는 신호가 아닐 수 없다. 특히 중국관광객이 급증함에 따라 지역 곳곳에 호텔신축이 증가하고 있는 현상을 직시해, 화재에 취약한 전기 · 가스 등에 대한 안전점검이 밀도 있게 이루어 져야 할 것이다.

아울러 안전만큼은 규제완화의 패러독스가 작용한다. 주민생활편리를 위해서는 각종규제를 완화해야 하지만 안전규제는 이와 반대로 강화해야 한다. 각종 건축물 신축시 '가연성 내장재'

를 쓸 수 있도록 규제를 완화한다면 화재발생시 막대한 인명피해가 우려되지 않을까? 비용이 많이 들더라도 '불연성 내장재'를 쓰도록 안전규제를 강화하고 이를 지키지 않을 시 강력히 처벌 할 수 있도록 법을 제정하고 집행하는 공무원들이 깊이 인식해야 한다.

안전대책은 과유불급(過猶不及)이 해당되지 않는다. 우리의 눈앞에 보이는 즉 현재 파악하고 있는 '발생형 문제'의 경우 즉시 문제점을 찾아 완벽한 대책을 강구하고 향후 문제가 발생할 것으로 우려되는 '탐색형문제'의 경우 그 원인을 신속히 찾아 해결책을 강구해야 한다. 또한 '설정형 문제'의 경우 미래목표를 설정하고 현재의 상태를 벗어나기 위한 것인데 지구온난화 등의 영향으로 집중호우가 예상되는 상황에서 강우 빈도를 50년 주기에서 100년 주기로 강화하고 하천주변에 대형 저류조 시설을 설치해 홍수를 예방하는 것 등이 여기에 해당 될 것이다.

공무원들이 평소 자신의 업무를 추진하면서 예견되는 각종문제에 대해서는 3가지 유형(발생형, 탐색형, 설정형)으로 구분해 문제점을 명확하게 도출하고 예산의 적기투입 등 효과적인 대책을 강구함으로써 주민의 안전과 생명보호에 최선을 다해야 할 것이다.

기획타깃,
생애주기를 고려해야 한다

"공 주무관! 요즈음 여성공무원이 남성보다 더 많지?"

"80년대는 남성공무원이 훨씬 많았는데"

"전통적인 남아선호사상이 사라지면서 생긴 현상 아닐까요?"

"건강수명이 연장되면서 노인연령상향의견이 대두되고 있지"

공직에 주류를 이루던 남성들의 자리를 여성들이 차지하고 있는 현상만 보아도 남아선호는 과거의 유물이 되었다는 사실을 미루어 짐작할 수 있다. 부계(父系) 중심의 전통적인 가족관이 바뀌면서 정책의 초점도 남녀노소라는 이분법적 시각보다는 생애주기라는 다분법적 시각으로 변화하고 있다.

생애발달 주기를 연구한 뷜러(Bühler)는 전기 분석과 인터뷰, 관찰 등을 토대로 유아기, 노년기 등으로 구분해 그들의 요구와 기대, 역할이 달라진다고 했다.

서울시의회가 '서울시 예산 · 재정 분석 제19호'를 통해 영 ·

유아 감소와 노령인구 증가 등 인구 구성비의 변화에 따라 생애 주기별 재정계획 수립이 필요함을 강조했다. 그 이유는 남아선 호사상이 주류 일 때는 여성차별이 있어서는 안 된다는 성인지 적관점이 강조되었지만, 이제는 유아기, 아동기, 청소년기, 장 년기(기혼자), 노인기와 같은 라이프 사이클이 정책기획의 핵심 전제가 돼야 한다는 의미가 아닐까 한다.

필자의 단체장이 선거활동을 위해 민생을 탐방하면서 느낀 바를 기록한 선거일기를 볼 수 있었는데 일부를 옮겨본다.

어느 날 재개발이 진행되는 지역에 휴식을 취하고 노인들이 있길래 대화를 하다 보니 "여기에 의자라도 놓아두면 우리들이 이야기도 하면서 편하게 쉴 수 있을텐데" 라고 요구 했다는 것 이다.

어르신들의 의견이 타당성이 있어 "예 의자를 설치해 드리겠 습니다"라고 약속을 한 다음날 난리가 난 것이다.

이 말을 전해들은 이웃집의 주부들이 "이 지역에 청소년들이 많아, 밤이 되면 큰 소리로 잡담을 하고 담배를 피우는 일들이 발생하기 때문에 의자 설치는 절대로 반대합니다"라는 역 민원 이 제기돼 결국은 공약(公約) 아니라 공약(空約)이 되고 말았다는 것이다.

생애주기는 맞춤형 사고다.

이렇게 작은 일에도 노인과 여성(주부), 청소년의 이해관계가 얽히는 현실이다보니 기획단계에서 생애주기(유아기~노인기)적 관점을 고려하지 않는다면 주민들에게 호평을 받는 정책은 가능하지 않다. 이를 '정책중심은 누구인가!'라고 하는 'who 중심의 사고' 내지는 '기획 타깃 주민 유형'이라는 말로 설명하면 적절한 표현일까?

이는 곧 공무원들이 시행해야 할 사업대상 지역에 어떤 계층의 세대들이 주로 거주하고 있으며 무슨 시설들을 활용되고 있는지 등에 대해 가치 있는 정보를 수집하고 검증한 후 기획에 착수해야 한다는 의미이다.

관악구에 생애주기적 관점이 반영된 사업이 무장애 숲길조성인데 '산은 힘 센자, 남자들만 오를 수 있단 말인가!'를 문제로 규정한 것이다.

이용대상을 나누고 쪼개어 본 결과 어린이도 장애인도, 할아버지, 할머니도 오를 수 있는 등 산로를 만들어야 한다는데 기획의 초점을 맞추었고, 그 결과 휠체어도 다

장년   노인

유아   아동   청년

닐 수 있는 평평한 목재 데크로 바닥을 깔고 보행 경사도를 낮춤으로서 노인과 어린이도, 유모차도 장애인도 편하게 오르내릴 수 있는 길을 만들었는데 주민평가가 매우 좋았다. 그런데 생애주기의 기본적인 틀이 바뀌어야 한다는 지적이 점차 제기되고 있다.

현재 우리의 생애주기설계는 80세에 맞추어져 있으며 60세에 은퇴해 20년의 노후를 즐기겠다는 식인데, 이제는 플러스 20년(총40년)을 해야 한다. 따라서 1889년 독일의 비스마르크 수상의 노령연금 지급에 근거해 65세를 노인으로 규정하고 있는데, 75세까지는 부양받는 존재가 아니라 부양하는 존재가 가능하다는 점에서 청소년기를 포함한 생애주기의 재편성에 대한 정부차원의 연구가 필요하다는 주장이다.

주민의 삶의 질이 화두인 시대에 공무원들이 기획단계에서부터 영유아복지, 아동복지, 청소년 복지, 노인복지라는 생애주기적 관점을 깊이 있게 고려할 때 좋은 정책이 탄생할 수 있을 것이다.

주민 누구나 행복하게 잘사는 평등한 세상을 누리기 위해서는 Who 중심의 사고(생애주기적 사고)가 기획과정의 반영에 필수적인 전제가 된 것이다. 한 선풍기 회사가 여름에 노인들과 유아들의 숙면을 위해 '살랑살랑 아기바람 선풍기'를 개발하듯이 말이다.

기획과 홍보, 기획과 예산은 뫼비우스의 띠

"과장님! 기획과 홍보, 기획과 예산은 별개의 업무 아닌가요?"

"공 주무관! 난 그렇게 생각하지 않아"

"이 두가지는 어떤 정책사업의 가치 구현에 기본 바탕을 이루고 있기 때문 이지"

"예, 불가분의 관계라는 말씀이군요"

우리 주변에 일어나는 세상의 모든 일들은 지금 현재도 언론을 통해 빠르게 전파되고 있다. 세월호와 관련해 '사진을 찍자'는 부적절한 처신으로 직위 해제된 감사관 역시 추상같은 언론의 눈초리에서 벗어나지 못했다.

언론사 기자들과의 식사 중에 '국민을 개돼지'로 표현한 기획관 역시 부적절한 처신이 도마 위에 올랐었다. 우리나라 교육정책기획은 잘하였는지 모르지만 공직자로서의 관리기획은 제대로 하지 못하였던 셈이다. 비록 짧은 순간에 본의 아니게 발생한 일이라 할지라도 자신의 행동과 발언이 우리사회에 어떠한 영향을 미칠 것인지 좀 더 신중히 생각했더라면 이런말은 나오지 않았을 것이다.

이처럼 언론의 기능이 사회지도층의 도덕적 해이를 지적하고 사회적 모순을 비판하지만 사회의 건전한 양심을 발굴하고 정부나 지자체의 좋은 정책을 국민에게 알리는 긍정적인 홍보기능 또한 무시할 수 없다.

기획의 성공열쇠는 홍보다

자치행정에서 기획과 홍보는 '뫼비우스의 띠' 연결처럼 안과 밖을 구분할 수 없는 상호보완적 관계에 있는 것이다. 다시말해 어떤 기획사업이 기대효과를 발하기 위해서는 시의적절한 홍보가 가미될 때 가능한 것인데 서울의 도심을 가로지르는 청계천 복원사업을 하나의 예로 들어보자.

산업화 시대의 상징이었던 청계천고가도로가 철거되고 문화와 환경이 어우러진 생태하천으로 되살아나는 경이로움이 언론을 통해 국민들에게 알려진 것이다.

청계천복원사업이 준공되는 날 구름 같은 인파가 몰렸고, 서울시 차원에서 유등축제를 비롯해 다양한 볼거리, 즐길거리를 지속적으로 기획하고 홍보함으로써 이제는 명실공히 국내는 물론 외국의 관광객들에게 인기있는 관광(견학)코스로 자리 잡아

서울의 이미지 제고와 지역경제 활성화에도 한 몫을 하고 있다. 조선시대 영조 임금이 경복궁 앞을 흐르는 청계천을 준설하고 '준천식 잔치'를 벌일 만큼 중요하게 여겼던 하천이 원래의 품으로 돌아왔기에 언론에서 그 역사적 의미를 담아 꾸준히 보도한 것이 주효(奏效)한 것이다.

지자체가 기획한 각종 정책 사업들이 신문과 방송 등을 통해 시의 적절하게 보도됨으로써 그 의미가 되살아나고 궁극적으로 국가의 경쟁력으로 이어지는 낙수효과(落水效果)를 보게 되는 것이다.

이러한 홍보의 중요성에도 불구하고 아직까지 지지체의 많은 공무원들이 업무를 추진함에 있어 '기획 따로' '홍보 따로'라고 이해하고 있는 것이다. 내가 하는 일(사업)의 기획에만 몰두한 채, 이와 관련된 홍보를 남의 집 담 너어 구경하듯이 '도긴개긴'하고 있다면 과연 원하는 목표를 달성 할 수 있을까? 내가 기획을 하면서 이 정책사업을 어느 단계에서 어떻게 언론매체를 통해 알려야 할지 홍보마인드가 필요한데 사업의 초기 단계, 진행 단계, 마무리 단계 등 '홍보의 3단계 과정'이 유의미하다고 생각한다.

1단계 사업의 시작단계에는 주민들에게 사업의 취지와 목적에 대해 홍보함으로써 주민의 정책지지를 구할 수 있다.

2단계 사업의 진행단계에서는 현재의 추진과정을 상세히 소개하고 언제쯤 완공될 것인지에 대한 알권리를 충족해 주민의 궁금증을 해소 할 수 있다.

3단계 사업의 종결 단계에서는 본 사업이 주민에게 어떠한 잇점이 있는지, 주민의 행복추구를 위해 어떻게 활용하면 좋을지 등에 대해 안내하여 내가 만든 정책이 주민의 삶 속에 스며들게 해야 한다.

직원들의 홍보업무는 홍보부서의 전유물이 아니라 나의 업무 즉 기획담당자의 필수과목이라는 사실을 염두에 두고 적극 활용해야 할 것이다.

예산은 기획의 실현가능성이다

기획과 홍보 못지않게 기획과 예산 또한 독립적으로 나눌 수 없는 불가분의 관계라고 할 수 있다.

민선 지방자치제가 시행된 지 20년이 지났지만 재정자치가 제대로 실현되지 않다보니, 열악한 재정여건상 어쩔 수 없다는 명분 아래 전년도 예산과 비교해 삭감하는 점증주의가 신규사업편성을 어렵게 하는 원인이 되고 있다.

정책학에서는 이를 '점증주의 모형'으로 설명하고 있다. 기존의 정책에 '+, − α'식 결정을 하는 것인데, 전년도 예산에 준해서 획일적으로 삭감하는 바람에 주민을 위한 좋은 기획사업들이 사장된다면 안타까운 일이 아닐 수 없다.

따라서 지난해에 반영되지 않은 사업은 무조건 삭제하고 보자는 '기획따로 예산 따로' 시각은 지양돼야 한다. 한정된 재정규모로 인해 예산부서의 조정(삭감)은 피할 수 없는 일이라 할지라도 공익적 효과가 큰 신규사업은 적극 반영할 수 있어야 한다.

지자체의 주요사업들이 기획단계에서는 해당부서장 관점에서, 예산 편성단계에서는 예산부서장의 관점에 따라 좌우될 수 있기 때문에 예산편성안 조정시 가급적 소관부서의 기획사업을 제로베이스에서 검토해 필수불가결한 사업이라면 다른 사업과의 조정 등을 통해서라도 편성할 수 있는 지혜를 발휘해야 한다.

물론 최종단계에서는 주요 정책 사업들에 대해 단체장이 주재하는 심의과정이 있고, 지방 의회 상임위, 예결위의 심의로 확정되지만 일차적으로 각종 사업에 대한 예산편성안이 예산총괄부서에 의해 많이 좌우되기 때문이다.

사업부서 담당자 또한 주민 삶의 질 향상에 필수적인 사업이라고 생각한다면 예산부서 직원들을 몇 번이고 설득해서라도 해당사업을 반영할 수 있는 강한 의지가 필요하다.

최근 인터넷이 발달하면서 지자체 예산편성의 여관작업은 사라졌지만 현재도 여전히 1달 이상 예산작업이 진행되고, 예산부서와 사업부서간에도 1차, 2차, 3차 조정과정을 거쳐 단체장의 최종 결재로 확정된다. 그렇다면 집행부에서 이렇게 힘들게 편성한 한해의 세입세출예산안은 아무런 변경 없이 최종적으로 확정되는 걸까? 한마디로 '아니다'는 것은 지방공무원이라면 누구나 잘 알 것이다. 진짜 예산 확보전쟁은 집행부서에 이송한 예산안 심의 의결권한을 가진 지방의회 의원들을 효과적으로 설득해야 가능하다는 사실 말이다. 지방의회의 상임위나 예결위에서 의원들이 집행부의 기획의도를 당초 목적과 다르게 잘못 이해해 사업예산을 삭감하는 사례가 비일비재하기 때문이다.

여기에 더해 집행부와 의회 간의 첨예된 이해관계 대립으로 새로운 회계년도가 시작될 때까지 예산안이 의결되지 못할 때는 불가피하게 '준예산' 체제로 갈 수 밖에 없다. 이러한 상황까지 가게 된다면 주민들의 안정적인 생활지원에도 어려움이 따를 수 밖에 없는데, 법에서는 정한 경상적 경비 외에 다른 경비는 집행할 수 없기 때문이다.

4

공유하고
소통하라

지방의회,
지자체와 한 배를 탔다

"과장님! 지방의회가 열리면 힘드시죠?"

"그렇긴 하지! 내가 만능박사도 아니고… 과거에는 불필요한 질문도 많았는데 지금은 개선되고 있지. 올바른 정책 대안 제시를 위해 연찬을 많이 하고 있다고 할까?"

지방자치법은 지자체 최고의 의결기관으로 의회를 두고 집행기관으로 단체장을 독립적인 기관으로 두어 상호 견제와 균형을 이루도록 했다. 이에 따라 지방의회는 조례의 제정 및 개폐를 비롯해 집행부가 추진했거나 추진할 각종 사업에 대해 질문권과 행정사무 감사권, 예산안 심의 의결 및 결산 승인 등을 통해 견제와 감시의 역할을 하고 있다. 다시 말해 지방의원들이 주민을 대표해 집행부의 각종 시책 추진 과정(전중후)에 참여해 예산의 씀씀이를 면밀히 살피고, 잘못된 정책을 바로 잡아 국민주권주의와 민주주의의 이념을 구현하고 있는 것이다.

일례로 집행부가 장애인 복지관을 짓기로 했다면 지방의원들이 바람직한 정책대안을 제시해 줄 수 있는데 건립기금조례를 의원발의로 한다든지, 어떤 시설이 어떻게 설치될 것인지에 대해 지식과 정보를 제공할 수 있다.

아울러 장애인 복지관의 필요한 부지를 매입하기 위해서는 의회의 공유재산 심의를 받도록 돼있는데, 의원들이 높은 지가의 부지를 고가에 매각하고 낮은 쪽의 부지를 매입하는 방안을 제시했다면 효과적인 대안일 수 있을 것이다. 그러나 의원들과의 소통이 원활하게 이루어지지 않을시에는 아무리 좋은 기획사업이라 하더라도 제동이 걸릴 수 밖에 없다는 점이다. 지방의회에서 사업의 타당성을 인정하지 않고 관련예산을 삭감해 버린다면 아무리 좋은 사업이라도 물거품이 되고 말 것이므로, 지방의회에서 원활하게 통과될 수 있도록 논리적으로 설명할 수 있어야 한다.

지방공무원들이 주민을 위해 기획한 사업에 대한 목표와 의지가 분명하다면 간담회 등을 통해 지방의원들을 사전에 적극적으로 설득 하는 과정이 필요하다는 의미다. 집행부인 시군구청과 대의기관인 지방의회가 오월동주(吳越同舟)처럼 적대적 관계가 아니라 각자의 위치와 역할이 다를 뿐 종착지는 같기 때문이 더욱 그렇게 해야 한다.

지자체와 지방의회는 동전의 양면

자자체와 지방의회가 지향하는 최종 목표가 '지역발전과 주민행복추구'라는 한 방향이기에 행정의 전문성에 의회의 창의성이 접목되는 것이 바람직한 모델이라고 할 수 있다. 그런데도 아직까지 일부의원들이 자신의 지역구라는 편협한 이익에만 얽매인다는 비난을 받고 있다는 지적이다.(신현기외 5인 공저, 정책학개론)

지방의원들이 뺏지를 내세워 자신의 이권이나 챙기겠다는 식이라면 주민의 삶의 질이 좀처럼 나아지기 어려울 것이다. 지방의원들은 지역구 차원에서 벗어나 지역균형발전이라는 지자체 전체의 시각에서 공무원들과 정책으로 소통하고 주민의 소리를 누구보다 많이 들을 수 있어야 한다. 지방공무원들이 '의

원들은 왜 내가하는 일에 발목을 잡느냐!'는 식이 되고, 지방의원들은 '이것만은 내 지역구에 설치해야 돼!'라는 이기주의에 집착하게 된다면 지역의 균형발전이라는 미래지향적 시각이 끼어들 틈이 없게 될 것이다. 행정기관인 집행부와 대의기관인 지방의회가 지방자치 기획의 공동참여자로서 하나의 목표아래 부단히 연찬하고, 소통하고 협의해 가야 한다.

지방자치가 실시된 지 20년이 지났지만 관 우월주의가 여전하고, 지방의원의 지나친 고집, 말도 안 되는 비정상적인 요구들이 지금도 회자되고 있다면 무엇이 문제인지 성찰하면서 되짚어 봐야 한다.

시민단체,
창의력의 원천이다

"공 주무관! 시민사회단체를 어떻게 생각하지?"

"일부단체들이 정부지원을 받으면서 성격이 변해버리는 경우도 있지만 정책의 조타수 역할을 하고 있다고 생각합니다."

시민사회단체에 대한 주민의 평가를 저울에 달아본다면 긍정보다는 부정의 양이 상당할 것이다. 그렇다고 하더라도 공무원들이 자신이 수립하는 기획안에 발목을 잡는 존재라고 여기는 것은 바람직하지 않다. 과거 시민단체(N.G.O)의 경우 그들의 주장이나 요구가 비현실적이고 편협한 경우가 있었고 정부와의 잦은 충돌로 갈등을 빚기도 했던 것이 사실이다. 일례로 동강댐 건설백지화 과정에서의 정부와 NGO관계는 상호 우월적 입장에서 상대방을 억압, 제어시키려는 적대적 관계였다고 한다.(신현기외 5 공저, 정책학 개론) 수자원정책을 둘러싸고 합의와 타협을 이끌어 내는 상호 보완적 협조의 관계가 아니었다는 평가다. 경부고속철도의 천성산 터널설치, 부안방폐장 유치과정 등에서 일부의 환경 단체들이 주민 갈등을 부추겨서 정책을 왜곡시키기도 했다는 지적이다.

정책기획의 공동수행자

이처럼 일부 비정상적인 행위로 인해 각종 정책에 역행하는 부작용을 초래한 것도 사실이지만 정직한 시민단체의 주장이나 요구들은 시민의 의사를 굴절없이 반영한다는 측면에서 존중돼야 하며 결코 백안시(白眼視) 할 수 없다고 생각한다.

언젠가 목민관 클럽 세미나에서 서울시장이 은평구 불광동 (구)질병관리본부 부지 3만평에 서울혁신센터, 청년허브, 청년청, 사회적경제지원센터, 마을공동체 지원센터, 서북 50+센터 등 다양한 분야의 중간지원조직이 들어서는 혁신파크를 만들겠다는 구상을 들었다.

이 시설들은 공무원들이 행정지원만 하고, 시민과 사회단체들이 주도적으로 참여토록 해 창의력과 상상력을 발휘할 수 있도록 하겠다는 포부였는데 현재 협동조합을 비롯한 여러 단체들이 입주하고 있는 상태로 그 실효성은 좀 더 두고 지켜봐야 할 일이다. 또한 서울시의 뽀로로 버스 인기사례를 들면서 운전기사가 낸 아이디어를 서울시에서 받아들인 것이라며 우리사회의 개조는 지방정부에서 시작돼야 하고 그 중심이 '시민＋사회단체'라는 말이었다. 시장이 시민단체 출신이어서 인지 몰라도 시대적 흐름을 누구보다 잘 읽고 지역의 발전을 주도할 능력을 가진 행위자라고 인식한 것이다.

필자가 구청 도서관과장으로 근무하면서 책 축제를 독서모임과 주민중심으로 추진하였는데 그들의 창의적인 아이디어들이 넘쳐났다. '책을 들고 거리로' 나서는 플래쉬몹(flash mob) 행사는 '북 페스티벌 추진 위원회'에서 낸 민간의 아이디어를 행정에서 지원해 좋은 성과를 거둔 대표적인 민관 협치사례가 아닐까 한다. 주민들이 책을 들고 주요사거리 등에 모여 정해진 시각에 호각을 불어 일제히 책을 읽는 퍼포먼스를 기획하였는데, 각급 학교는 물론 남녀노소 할 것 없이 참가해 성황을 이루었던 기억이다. 공무원들이 생각할 수 없었던 미지의 영역이라 걱정이 많았지만 민간위원들이 잘 주도해 행사를 성공적으로 마칠 수 있었다는 점이다.

이뿐 아니다. 필자가 기획예산과장으로 있을 때는 30여개의 시민사회단체로 구성된 참여예산네트워크에서 주민참여예산제를 주도했는데 처음에는 부정적인 생각이 한동안 나의 머리를 짓 눌러 왔던 적이 있다. 시민단체의 특성상 예산부서의 일들을 조목조목 비판하면서 자기들의 주장만을 내세우는게 아닌가 걱정을 했지만 기우(杞憂)에 불과했다. 관악참여예산네트워크에서 참여예산위원 교육을 했는데, 회원들이 각 분과에 배치돼

참여예산 역할과 실무연습에 이르기까지 책임감 있게 수행해가는 모습을 보면서 민관 거버넌스의 한축이라는 생각이 머리에서 떠나지 않았다.

브라질의 포르투 알레그레시에서 시작한 '주민참여예산제도'가 확산기를 거쳐 안정기에 접어들고 있다는 것이 전문가들의 견해인데, 주민들의 자발적인 참여를 이끌어 내는 이들의 활동은 모범적인 사례가 아닐 수 없다. 하지만 일부 부도덕한 시민단체들이 사업을 독점하며 자신들의 이익을 추구하는 형태는 본질적인 면에서 바람직하지 않으며, 시민들의 자발성을 촉진하는 마중물이라는 자세로 활동해야 한다. 이러한 기본적인 방향만 정립된다면 시민단체가 지방정책을 사사건건 비판한다는 우려에서 벗어나 적극적인 행정 참여가 가능할 것이라고 생각한다. 주민과의 접점에 있는 시민단체들을 잘 활용한다면 공무원이 하는 일의 상당부분을 더 나은 방향으로 발전시킬 수 있기 때문이다. 바야흐로 작은 정부를 지향하는 민관 거버넌스 시대를 맞아 시민단체들이 행정의 기획과정에 적극 참여해 제안하는 창의적인 정책 아이디어는 거부감 없이 수용할 수 있도록 해야 한다.

관변단체, 기획의
시너지를 높인다

"공 주무관! 관변단체와 시민단체의 차이를 아는가?"

"정부의 지원 유무 아닐까요?

"지원을 받는 관변단체는 정책에 우호적이지만 그렇지 않은 시민단체는 비판적인 입장이 강하다고 할 수 있지"

"양자의 입장이 시너지가 될 수도 있겠네요"

시민단체들은 관변단체가 정부의 예산을 받아쓰기 때문에 정부정책의 일방적 동조자라는 주장을 제기 할 수 있다. 자신들은 정부의 예산을 받지 않고 시민의 자발적인 성금에 기대어 정책 성과에 기여해 오고 있지만 관변단체는 정부로부터 사업비를 지원받아 정부의 의도에 따라 '이일 저일' 하는 단체라는 시각이 있기 때문이다. 또 동주민센터의 경우 한 사람이 수개의 관변단체장으로 활동하면서 공무원 상전노릇을 하려는 경우가 없지 않다고 본다. 보조금이 내려오면 각종 행사성 경비등에

낭비적으로 사용하는 행태들이 지적되고, 동주민센터의 일들에 사사건건 개입하면서 직원들을 좌지우지하려는 비상식적인 행위들이 발생하는 경우도 있다. 이처럼 지역에서 자신의 존재감을 높이기 위해 애쓸 뿐 진정한 봉사자의 직분을 망각한 잘못된 행태가 있다고 하더라도 관변단체 전체를 그런 것으로 매도할 수는 없다.

그래도 지자체가 기획한 각종 정책을 '성공적으로 뒷받침해온 협조자가 누구일까?'를 곰곰히 생각하면, 그 기여도를 평가절하 할 수 없을 것이다. 이중에서 대표적인 관변단체가 바로 새마을운동 중앙회가 아닐까 한다. 우리나라 지역개발과 농촌부흥운동을 주도한 새마을운동단체가 지금까지 활동하고 있는데 새마을 대청소와 마을가꾸기, 방역활동 등의 생활환경 개선사업이 대표적이다.

필자가 공무원에 임용되면서 대청소의 풍경은 많이 바뀌었지만, 당시 소하천은 오수와 쓰레기로 넘쳐나 새마을 지도자와 함께 이곳저곳에서 모은 쓰레기는 무척 많았고, 겨울에는 함께 수거한 쓰레기를 소각하면서 추위를 녹이기도 했던 기억이 새롭다. 지금은 대부분의 하천들이 생태하천으로 되살아나 쓰레기는 좀처럼 찾아볼 수 없음은 물론 시민들의 쾌적한 휴식처로 거듭나고 있는 현장을 보면서 이들 단체의 기여가 적지 않았다는 생각이다. 언젠가 구청에서 여름철 방역봉사대 발대식을 하면서 새마을 지도자들이 '새마을 노래'를 하였는데, 그 옛날 마을앰프를 통해 쉼 없이 울려 퍼졌던 노래 가사가 매우 친숙한 느낌으로 다가왔다.

"새벽종이 울렸네 새아침이 밝았네. 너도나도 일어나 새마을을 가꾸세. 살기좋은 내마을 우리 힘으로 만드세."

건전사회기풍 진작에 긍정적인 역할

당시 새마을기에 근면(diligence), 자조(self-help), 협동(cooperation)이라는 기본정신을 새기고 새마을지도자와 새마을부녀회, 새마을 문고 조직들이 지역개발을 선도해 갔다. 이제 시대의 흐름과 더불어 그 역할이 많이 줄어들었지만 가난의 대물림을 단절한 국민운동단체로 국외에서도 좋은 평가를 받고 있다.

새마을운동 기록물은 세계유네스코기록유산으로 등재됐다. 지금도 우간다, 캄보디아, 몽골, 인도네시아 등 많은 개발도상국에서 우리나라의 새마을 운동을 배우러 오고 있는 점만 보아도 그 순기능은 부인하지 못할 것이다. 이밖에도 기초 질서확립, 국민안보의식고취, 자연보호운동, 청소년 선도활동 등 지금도 많은 직능단체들이 건전사회기풍을 진작하고 있다.

동주민센터에는 현재 평균 12~14개의 관변단체가 활동하고 있는데 이들 단체의 명칭을 열거해 보면 지역사회 봉사자로의 의미를 명확히 알 수 있다. 바르게 살기위원회, 자유총연맹, 자연보호위원회, 주부환경봉사단, 방위협의회, 민방위협의회, 청소년지도 협의회, 주민자치위원회, 새마을 부녀회, 새마을 지도자 협의회, 자율방범대, 새마을 문고, 통우회 등이 대표적이다.

이들 단체 구성원들이 지역주민들의 지지를 얻어 지방의원까지 입지를 확장해간 사실이 이를 입증하고 있다. 지역주민의 화합결속 노력은 물론 각종 생활환경개선사업의 기획과정에서 발생할 수 있는 갈등조정의 해결사 역할까지 수행하고 있다는 사실은 자치행정의 자양분이다. 필자가 동장으로 근무 했을때 이렇게 말하곤 했다. "비록 생업상 직업을 가진 분들이 대다수이기에 많은 일을 하기 어렵다고 하더라도, 모임자체의 건전성만으로도 건강한 사회 구현에 기여하고 있습니다."라고….

지역이 발전하기 위해서는 이념(理念)이 다른 단체들이 균형과 조화를 이루어야 하듯이, 이들 직능단체의 설립목적이 지역발전을 추구하는 지자체의 기획구상들과 밀접하게 맞닿아 있기 때문이다. 따라서 각 직능단체들의 기능과 역할이 소중하지 않을 수 없다고 할 것이므로 여러 부정적 요인들은 최소화하면서, 이들 구성원들의 합리적인 의견은 정책에 적극 반영해야할 것이다.

통리반장, 기획현장의 파수꾼이다

"공 주무관! 반상회 참여해본 적 있나?"

"아니요. 반상회는 중앙집권의 유산 같아 왠지 그래요. '마을반상회'라고 한다면 최근 활성화되고 있는 마을 공동체가 복원되는 느낌이 들어요."

"굿아이디어야! 행정안전부에 명칭 개정을 건의하면 어떨까!"

조선시대 지방조직으로 도에는 관찰사(감사), 부에는 부사(부윤), 목에는 목사, 군에는 군수, 현에는 현령·현감이란 목민관을 두었다. 군현 밑에는 면리를 두고 지방민을 면장과 이장(통장)으로 임명해 수령의 통할하에 자치토록 했다. 이러한 역사적 사실에서 그때 지방조직의 뿌리가 지금까지 이어져 오고 있는 것이다. 지방자치법에 의거 시·군·구에 시장, 군수, 구청장을, 읍·면·동에는 읍면동장을 두도록 하고 있으며, 지방자치단체 조례에 의거 그 아래 지방민을 통리반장으로 임명해 지방행정을 보조토록 하고 있다.

통반설치조례에 의한 통반장의 임무는 지역주민의 화합단결과 복리증진에 관한사항, 통반의 발전을 위한 자율적인 업무처리, 행정시책의 홍보 및 주민여론, 건의사항보고, 기타 법령에 부여된 임무 및 동 행정수행에 필요한 사항 등 인데, 조선시대부터 이어져 온 통리반장 제도는 정부시책의 전달창구이자 마을의 대소사를 관장하는 기능을 수행하고 있다.

농촌 마을에 추곡수매를 하면 이장이 "주민여러분 오늘은 추곡수매의 날입니다"라며 주민에게 알린다. 동네 경사가 있는 날이면 "오늘은 00댁의 딸이 시집을 간답니다. 막걸리를 대접한다니 모두들 나오셔서 잡숫고 가시기 바랍니다" 라며 걸죽한 목소리가 앰프방송을 탄다.

동(면) 직원이 출장가면 당연히 들리는 곳이 통(이)장댁이기도 하다. "통(이)장님 제가 왔습니다." "00서기, 00주사 막걸리 한잔하고 가라" 는 말은 일선행정의 동반자로서 친밀감의 표현이다.

최근 들어 인터넷 등 다양한 정보채널이 발전해 통리반장의 폐지 여론도 고개를 들고 있지만 필자는 반대다. 통리반장은 지역에서 오랫동안 거주해온 향토애가 강한 주민들로서 지역사정과 현안을 꿰뚫고 있다는 사실이다. 관악구가 매년 단체장과 일선 동장들이 600여명의 통반장과 대화를 하고 있는데, 수 백여 건의 건의사항이 접수되고 있다.

주민들의 생활사정을 누구보다 잘 알고 있는 통반장이기 때문이 아닐까 생각하며, 지역발전의 씨앗이 될 소중한 의견들은 정책에 잘 반영될 수 있도록 해야 할 것이다. 통리반장은 한마디로 민과 관의 가교역할을 하는 '현장행정의 파수꾼'이자 '지방행정의 조언자'로서 법과 조례에 정한 일 이외에도 지자체 각 부서에서 헤아릴 수 없을 정도의 많은 업무 협조를 받고 있다.

서울의 경우 자치구마다 '찾아가는 동주민센터' 사업을 하고 있는데 통장이 복지도우미 역할을 톡톡히 하고 있다. 고령화시대를 맞아 의식주와 거동이 불편해 노후를 어렵게 보내는 위기 가정들을 발굴해 복지플래너(복지담당공무원)에게 알려주도록 하였는데, 주민생활 현장에서 좋은 평가를 받고 있는 것이다.

주민 복지를 비롯해 지역의 다양한 현안 문제를 통리반장과 상의하면 수월하게 해결할 수 있으므로 관심과 지원을 아끼지

않아야 하는데, 행사든 무엇이든 일은 많이 하면서도 보상은 쥐꼬리만 한 것이 사실이다. 과거 통(이)장 활동에 대한 사례의 표시로, 매년 쌀 1~2말 정도의 곡식이나 돈을 거둬 주었던 모곡제(耗穀制지) 대신 현재는 매월 20만원의 수당과 회의 참석비 2만원, 추석상여금, 3년 이상 근속통장에게는 통장정수의 10% 범위 내에서 중고생자녀 장학금을 지급하는 등으로 보상하고 있다. 또한 반장에게는 추석과 설명절에 2만5,000원 상당의 농산물 상품구입권을 주고 있는데 통반장에 대한 보상이 미흡하다는 지적이 많다.

지역사회봉사의 리더로 양성시켜야

어느 지자체에서 반장에게 지급하는 상품권 예산을 절감하기 위해 반장제도를 없앴다는 기사를 본적이 있는데 바람직스러운 현상일까? 이를 예산낭비라고 한다면 지역의 기초적인 풀뿌리 봉사조직을 아예 없애겠다는 것에 불과하며 지역공동체 활성화를 위해 더 많은 혜택을 주어 반장조직을 강화하는 것이 낫지 않을까 하는 것이 필자의 일관된 생각이다. 이와 관련해 필자가 담당과장으로 있을 때 지방의회에서 통반설치조례에 규정돼 있는 '반장정수를 줄이는 것이 어떻겠느냐?'는 의견에 대해 전자의 관점들로 인해 동의할 수 없다는 입장을 분명히 한 바 있다. 특히 복지사각지대에서 고독사 내지는 실직 등의 생활고로 위기 가정이 지속적으로 발생하고 있는 시점에서, 동주민센터 공무원들이 완벽하게 관리하기에는 한계가 있는 실정이다. 따라서 생활자치의 기초조직으로 '복지통반장'의 필요성이 절실히 요청되고 있으므로 수당인상 등의 사기진작에 인색하지 말아야 하며 다양한 지식을 습득할 교육의 기회를 제공해 지역사회봉사의 리더로 양성시켜가야 한다. 아울러 지자체 공무원 또한 각종 업무기획에 통장의 협조와 역할만을 강요할 것이 아니라 생활 현장을 찾아 진심어린 존경을 담아 대화하고 소통해야 할 것이다.

tip / 반상회의 유래

반상회는 우리나라 행정단위의 가장 밑에 있는 조직인 반을 구성하는 사람들이 매월 정기적으로 모이는 모임이다. 우리나라의 전통적인 향약, 계 등에서 유래되었다는 설, 1930~40년대 일제의 전시체제하의 감시수단인 '애국반'과 '도마리구미(隣組)' 기원설 등이 전해지고 있다.

정부에서는 1976년 5월부터 매월 25일을 정례 반상회의 날로 제정했는데 공공의 관심사를 자율적으로 해결하고 반원들의 집약된 의사를 정책에 반영하는 기능은 물론 정부시책을 홍보하는 역할이 주목적이었다. 80년대까지만 해도 반상회 날에는 교사, 중앙직 공무원까지 동사무소에 출장해 행정시책을 주민들에게 설명하고 주민 여론을 광역자치단체와 중앙정부에 까지 전달했다. 필자가 당시에 반회보담당자를 하면서 8~12면 정도의 지면을 구성했는데 중앙정부에서 시달된 주 의제를 전면에 배치하고, 지자체 소식을 중요도에 따라 순차적으로 배치했던 기억이다. 중앙정부 의제는 자연보호, 기초질서확립, 새질서 새생활 캠페인, 국토대청결운동 등 국가의 역점시책과 국민의식 선진화에 관한 주제들이었다.

현재는 지자체 홈페이지를 통해 정부의 시책을 손쉽게 접할 수 있지만 당시에는 반상회를 통한 시책홍보가 유일한 수단이었다. 지금까지도 매월 반상회의 날에는 읍면동에서 '통리장회의'를 개최해 정부와 시군구의 주요시책을 안내하고 지역 민원을 청취해 행정에 반영하고 있다. 특히 인터넷 등의 발달로 인해 무용론이 대두 되고 있지만 농촌은 마을 청년회를 중심으로, 도회지는 아파트부녀회를 중심으로 반상회가 운영되고 있다. 따라서 시대흐름에 맞게 '마을 반상회'로 바꾸어 활성화하는 것이 필요하다.

자치행정 기획의 존재방식

1

시기별
기획

지역비전을 담은
매니페스토 실천기획

"공 주무관! 매니페스토(manifesto)에 대해 들어 본 적이 있나?"
"지방선거 때면 '정책 경선하라' '매니페스토 발표하라'는 피켓이 등장하는데 후보자들이 인신공격성 네가티브보다는 유권자에 대한 정책공약으로 당당히 경쟁하라는 말 아닐까요."

필자가 기획예산과장으로 있을 때 '매니페스토 추진단'을 꾸려본 경험이 있다. 민선 6기 지방선거 실시로 단체장이 재선됨에 따라 선거공약서에 밝힌 사업의 목표·우선순위·이행절차·이행기한·재원조달방안 등 매니페스토의 타당성을 심도 있게 분석해 공약사업을 최종적으로 확정하기 위해서다. 이러한 일은 단체장 임기 4년에 한번씩 돌아오는 일이기에 필자로서는 고심했다. 민관동수(民官同數)로 추진단을 구성해 4년간의 중기비전을 기획하는 일에 착수했는데, 필자와 한 부서에 근무한 정책실장이 매니페스토 연수원장 출신의 전문가였기에 그의 경험은 커다란 자산이 됐다. 그의 책 '새우가 고래를 이기는 매니페스토'에는 공직선거법에 "정책(매니페스토) 선거를 촉진함으로써 무명의 정치인(새우)이 인지도 높은 현역(고래)을 쓰러뜨릴 수 있는 가능성을 높였다"며 "유권자와 한국사회의 큰 축복"이라고 했다

자치단체장이 초선이라면 가칭 인수위원회 같은 조직이 필요하겠지만, 재선이기 때문에 '어떻게 하면 매니페스토 추진단을 잘 구성할 수 있을까'에 대해 초점을 두었다.

먼저 매니페스토 추진단 민간위원은 지역활동 경험이 풍부한 주민(전직 지방의회 의원, 시민단체대표, 문화·복지·환경 전문가 등)과 지자체 간부로 구성해 민관의 입장에서 공약서를 객관적으로 검증하는 것이 좋겠다는 제안이었다. 따라서 민관공동위원장을 두고 안전행정, 지식문화, 보건복지, 도시건설 등 4개의 분과에 총 16명의 위원으로 구성하여 기획부서 주무국장과 매니페스토 전문가인 정책실장이 총괄토록 하였으며, 기획부서장은 총괄간사로서 민관의 조정자 역할을 담당했다. 아울러 별도의 추진단 사무실에 전담직원을 두어 전체 및 분과회의 개최, 해당부서장 질의 답변 등의 사무를 보조토록 했다.

자료집 준비와 기획회의

그런데 '무엇을 보고 단체장의 공약을 검토해야 할까?'라는

생각이었다. 기획을 총괄하는 부서장 입장에서 걱정거리였지만, 현 단체장을 포함해 지방선거 모든 출마자의 공약을 참고하는 것이 좋겠다는 단체장의 지시가 있어 선관위에 등록된 출마자(시장, 시구의원, 자치단체장)의 공약을 발췌해 2권의 공약검토 자료집(단체장, 그 외 후보자)을 준비했는데, 이 정도라면 돗자리는 편 셈이었다. 이후는 매니페스토 추진단 위원들이 돗자리에 앉아 해당부서 공무원들과 함께 토의하면서 법과 제도적인 면에서, 또 재정적인 면에서 문제가 없는 실천가능한 공약과제를 확정하는 일이었다. 추진단에서 공식적인 전체회의, 분과회의, 현장답사는 물론 비공식적인 내부회의들을 통해 의견조율이 이루어졌으며, 필요하다면 민간사업자의 의견까지도 청취토록 했다. 이를테면 청소 공약의 실효성을 높일 수 있도록 음식물쓰레기 수거 대행업체 대표를 불러 질문하고 토론한 것이다. 한편 민간추진위원의 창의적인 관점과 공무원들의 현실적인 관점에서의 공약에 대한 시각 차이는 국장급 위원들과 내부회의를 통해서 결정할 수 있었다. 4개년 공약의 구체적인 밑그림을 그리는 일은 만만치 않았지만 분과위원회 위원들이 각자의 분야에서 소명의식을 가지고 주도면밀하게 검증을 해주었다. 이를 통해 4개년 간 추진할 중기 정책로드맵을 확정할 수 있었는데 '혁신과 소통의 두 날개로 비상하는 관악구'라는 비전 아래 6대 전략과 23개 정책과제, 104개 전략과제를 선정할 수 있었다.

이 과제들은 관련부서의 최종 검토과정을 거쳐 추진단 전체회의에서 확정하였는데 약 1개월간의 지난(至難)한 과정을 통해 맺어진 값진 결실(최종보고서)이었다. 하지만 아무리 심도 있게 만들어진 공약이라 하더라도 주민의 관점에서 냉철하게 평가하는 것이 중요하므로 '매니페스토 주민배심원단' 운영을 통해 분야별 공약과제를 다시 한번 보완하는 과정을 거침으로 실효성을 높일 수 있었다. 기획은 '논리'와 '실행'이 핵심인데 기획부서에서 실행계획이라고 할 수 있는 '매니페스토 4개년 운영 기본계획'을 수립해 적극 뒷받침 한 것이다. 기본계획이란 중기지방재정계획 및 예산편성의 기본이 되는 계획이라는 점에서 매년 성과평가를 실시해 보완 발전시켜야 실효성을 확보할 수 있기 때문이다.

매니페스토 104개 실천과제에 대해 추진목적, 추진방향, 사업계획, 연차별 추진계획 및 소요재원, 추진부서(담당자)를 기재해 책자의 형태로 각 부서에 배부했다. 각 부서에서는 이를 토대로 재정 투자계획과 세부 추진일정을 수립하고 매년 시행할 사업규모를 확정해 구체적인 실천이 이루어 질 수 있도록 했다.

이렇게 확정된 과제들은 매분기 각부서의 실적을 취합해 성과를 분석하고 부진사업은 정상 추진될 수 있도록 하고, 재정이 부족한 경우 민원갈등으로 지연될 경우 민관의 유기적인 소통과 협조로 해결방안을 강구하는 것이 필요하다. 또한 매년

정기적으로 추진상황 보고회를 개최해 주민과의 약속이 이행될 수 있도록 하고 불가피하게 목표달성이 어려울 경우 주민들에게 사업계획 변경을 공표해 행정의 신뢰가 실추되지 않도록 해야 한다.

아울러 매니페스토는 주민과의 참 약속이므로 공무원들이 창의성을 발휘해 공약의 실효성을 높여나가야 하는데, 각종 공약사업들에 대해 외부의 평가를 받아보는 것도 좋은 방법이라고 할 수 있다. 한국 매니페스토실천본부 등에서 매년 우수사례경진대회를 개최하고 있는데 관악구가 자원봉사분야를 비롯해 7회 연속 참가해 최우수 또는 우수의 영예를 안았다.〈사진〉 이는 단체장의 적극적인 실천의지가 뒷받침된 결과였다.

tip 〈 매니페스토 정의

매니페스토(manifesto)의 어원은 라틴어 마니페스투스(manifestus)로 손 (manus)과 치다(fendere)라는 두 단어가 합쳐져서 '손으로 쳤을 때 느껴 질 수 있을 만큼 명확하다'는 의미로 '증거(물)'을 뜻한다. 이 말이 이탈리아로 들 어가 마니페스또(manifesto)로 바뀌어 '과거행적을 설명하고 향후 행동의 동 기를 밝히는 공적선언'을 뜻하게 됐다.

한국형 매니페스토는 통상적인 선언이라기 보다는 공공(public)을 향한 자 기고백적 선언인데, 미래사회를 위해 공공(public)에게 제안하는 강령인 동시 에 이를 실행하기 위한 상시적인 '대화' 제의와 주기적인 관리를 허용해야 한 다는 뜻도 내포돼 있다.

사전적 정의로는 '정당이나 후보자가 선거공약의 구체적인 로드맵을 문서 화해 공표하는 정책서약서로서 예산확보, 구체적 실행계획 등이 있어 이행이 가능한 선거 공약'의 의미로 주로 쓰인다. 이러한 매니페스토의 개념을 가장 먼저 도입한 나라는 영국이며, 미국(플랫폼), 독일(선거강령), 일본(정권공약) 등 표현은 다르지만 선진국은 대부분 매니페스토에 입각한 정치가 이루어지 고 있다. 우리나라에서는 2006년 지방선거에서 처음으로 매니페스토가 소개 되었으며 중앙선관위에서 참 공약으로 번역해 사용하고 있다.

기본업무 중심의
단기실행기획

> "과장님! 기본업무는 신경 쓰지 않아도 잘 굴러가지 않을까요?"
> "아니야! 조금이라도 변화시킨다는 생각으로 임해야 발전이 있지."

　지방공무원들이 주로 하는 단기 실행 기획들은 주간 월간 주요업무 보고들인데 대표적으로 매월 개최하는 확대간부회의 보고가 있다. 각 부서별로 한 달간의 주요업무추진실적과 계획을 각 부서장들이 보고하는데 각 과의 서무가 팀장, 과장의 검토를 거쳐 회의자료를 확정한다. 이러한 단기 실행기획들은 주민들의 일상생활과 직결되는 기본적인 업무들로 자칫 소홀히 할 시 주민불편과 위험 등에 노출될 수 있다. 각 부서의 기획담당자들이 매너리즘에 빠져서 늘 하던 방식대로 일하기보다는 참신하고 실행력이 높은 특수사업을 발굴하는 부단한 변화를 추구해야 하는 이유다. 기업에서 기본제품들의 기능이라도 매년 확장되고 있는 것이 그것이다. 김치냉장고는 처음에는 단층으로 출시되었지만 지금은 일반냉장고처럼 여러층으로 쓰임새가 세분화되는 등 그 기능과 모양이 갈수록 다양해지고 있다.

이처럼 고유의 이미지로 호응을 얻고 있다고 해도 고객의 기호에 맞게 이용편의성과 디자인을 변화시켜가야 생명력을 가질 수 있지 않을까? 기획이란 바람직한 변화를 추구하는 동태적인 과정이기 때문에 매년 의례적으로 행하는 단기실행기획이라 할지라도 남들보다 긍정적으로 보고, 남들보다 다르게 보고, 남들이 보지 못하는 것을 볼 수 있어야 한다.

필자가 자치행정과장으로 있을 때 찾아가는 동주민센터 공간개선을 완공하면서 21개동별로 '작은 준공식'을 개최토록 하는 계획을 시달했다. 그런데 모 동장이 작은 준공식과 병행해 '마을 사진 전시회'를 부대행사로 기획했다는 것이다. 그리고 초청장에는 "귀하를 모시고 찾아가는 동주민센터 공간개선 준공식과 함께 추억 속에 잠자고 있는 우리 마을을 돌려드리는 마을사진전을 마련하였사오니 꼭 함께해 주시기 바랍니다"라고 썼다.

'찾아가는 동주민센터 작은 준공식'의 성격을 남들과 다르게 보고 단순히 테이프 컷팅이라는 형식에 치우친 것이 아니라 주민들께 애향심이 묻어나는 좋은 동네를 만들어 달라는 바람을 담아 별도의 부대행사로 추억의 사진 전시회를 한 것이다. 필자가 가보니 주민들이 과거의 기억과 향수를 떠올리며 눈 여겨

보는 모습이 매우 인상적이었는데, 감성이 묻어나는 좋은 기획이었다는 생각이다.

이처럼 단기실행기획도 주민들의 감동구현에 중요한 역할을 하고 있다는 생각이며, 기획력이 없는 직원들이란 이를 차치하고서라도 간단한 업무보고서 하나도 만족스럽게 작성하지 못해 '어쩌면 이럴 수 있을까?'라는 생각이 들지만 당장 개선될 사항이 아니기에 지속적으로 지도했던 경험이 있다.

자원 활용을 극대화하는 중장기 기획

> "공 주무관! 지자체 중장기발전종합계획을 수립해 본적이 있나?"
> "직접 수립해 보지는 않았지만, 자치단체의 미래 발전구상이 아닐까요."
> "지역의 잠재적 개발요인들이 망라돼야 하는 거시적 기획이기에 전문성이 요구된다고 할 수 있지."

지자체의 중장기 기획이란 현재를 위한 기획이 아니라 미래의 발전을 도모하기 위한 기획이다. 행복도시 5개년계획, 공공도서관중기발전계획, 하천생태계복원계획 등과 같이 지속가능한 미래를 담보하기 위해 수립하는 청사진이다. 이러한 기획은 자치단체 직원들이 직접 수행하기 보다는 박사급 연구진을 보유한 외부용역기관이나 대학교 연구소 등에 위탁해 수행하는 경우가 많다. 지자체의 특성이 강조되고 SWOT 분석 등이 가해지는 등 주로 지적인 분석 작업과 함께 학술적인 성격을 띠기 때문이다.

서울특별시는 서울연구원이라는 산하기관을 두고 미래 발전 전략을 체계적으로 그리고 있다. 서울시가 추진한 시내버스와 지하철의 대중교통환승시스템은 당시 서울시정연구원에서 연구용역을 수행해 현장에 적용하였는데 성공적이었다. 운영초기에는 시행착오가 많아 언론의 비판도 많았지만 오류들이 점차 개선되면서 우리나라 대중교통시스템의 전범(典範)으로 자리잡고 있다.

　지자체가 중장기 발전기획의 초점(콘셉)을 어디에 맞추느냐가 지역경쟁력이라고 할 수 있는데, 장점이자 기회인 지역자원의 활용을 극대화한 순창군의 사례 또한 좋은 교훈이 될 것이다. 전라남도 순창군이 중장기계획으로 추진한 장류산업은 미래를 희망의 지도로 바꾸어 놓고 있다. 고추장 산업을 집중화해 연간 330억 원 규모의 매출을 올리는 세계적인 소스로 발돋음 하고 있으며, 장류연구소를 기반으로 세계소스 박람회, 고추장 민속마을 탐방, 장류체험관운영은 물론 건강식품개발, 건강수명연구등의 사업들을 의욕적으로 펼쳐 매년 30만 명의 관광객이 방문하고 있다. 마중물 역할을 한 고추장박사 1호인 순창군청 정도연 직원의 집요하고도 탁월한 기획마인드가 있었기에 가능했는데, 고추장이 지역발전의 동력이라는 확신으로 특허 출원, 논문발표 등을 통해 그 우수성을 대외에 널리 알려왔기 때문이다.

중장기 기획은 도시전체를 하나의 대상으로 삼아 지역의 특성과 자원을 연계해 계획적인 발전을 도모하는 것이 궁극적인 목표라고 할 수 있다. 그런데 문제는 중장기 기획을 전문기관에 맡기는 경우에도 '용역 수행팀에는 박사급들이 많으니까 알아서 잘 하겠지!'라고 내버려 둔다면 좋은 기획이 나올 수 있을까 하는 점이다. 중장기기획을 요리라고 생각한다면 공무원들이 신선한 재료를 많이 공급해 주어야 좋은 요리가 탄생할 수 있는 것이다. 수십년을 자치행정에 몸 담아온 공직자의 질 좋은 정보와 전문가의 학술적 지식이 화학적으로 결합돼야 최고의 용역 결과물을 생산할 수 있는데, 순창의 장류산업에서 그 해답을 찾을 수 있다.

석·박사라고 해도 그들이 모든 것을 알 수 없다. 중장기 용역을 주관한 전문가들이 아무런 의미없이 페이지수를 늘리기 위한 학술적 이론만을 전개하는데 비중을 두고 있다면 공무원들이 과감하게 지적할 수 있어야 한다. '이 정도면 되겠지!'라는 현실안주적 발상으로 중장기 기획을 수립한다면 도시 모습을 획기적으로 바꾸기가 어렵다. 결국 중장기기획의 핵심에는 이를 수행하는 주체들의 풍부한 경험과 퀄리티 높은 지식과 정보의 결합은 기본이고, 지역의 비전을 종합적으로 조망할 수 있는 미래지향적 안목이 필요충분조건이다.

따라서 중앙정부 및 지자체의 각종 공공데이터, 활용가치가 높은 학술자료제공, 지역특성의 디테일한 현장파악 등이 필수적인 요건이다.

아울러 지자체의 중장기계획은 서가에 꽂혀있는 장식용도서가 아니다. 샘물이 마르지 않기 위해서는 수많은 비가 대지를 적셔야 하듯이 생명력 있는 중장기계획을 위해서는 현실반영의 비를 종이 위에 촉촉히 적셔야 한다. 작가가 독자에게 사랑받는 책을 만들기 위해서는 부단한 고쳐 쓰기가 필요하듯이 공무원들이 지역의 발전을 담은 훌륭한 중장기 계획을 만들기 위해서는 지역의 자원과, 목표, 예산을 현실에 맞게 지속적인 수정(연동기획)이 가해져야 할 것이다.

2

관점별
기획

문제점을 해결하는
개선기획

"공 주무관! 왜 민원이 발생할까?"

"어떤 문제가 지역내부에서 끓고 있다가 어느날 분출하는게 아닐까요"

"문제요인들이 있는데도 사업을 강행한다면 주민의 저항은 불 보듯 뻔하다고 볼
수 있지!"

현재 발생하고 있는 문제의 본질이 어디에 있는지 명확하게
규명해 해결방안을 강구하는 것이 개선형 기획이다. 우리가 안
고 있는 여러 문제들 중에서 '문제점'이라고 할 수 있는 핵심적
인 사실을 추출(Key finding)해 대책을 강구하는 것인데, 공무원
이 다루어야 하는 정책문제란 '개인의 문제가 사회의 문제단계
를 지나 정부(지자체)가 관심을 가지고 해결해야 할 문제로 대두
되는 것'을 말한다.

한가지 가정을 해보자. 공 주무관이 차를 몰고 가다가 비가
많이 내려 도로가 움푹 파인 곳을 피하면서 난간추돌 사고가 나

고 말았다면 개인의 문제뿐일까? 아니면 지자체도 문제가 있는 것일까, 여기에서 차량파손은 '개인의 문제'이지만 도로가 움푹 패인 포트홀(pothole) 같은 것은 '지자체 도로관리 문제점'으로 귀결될 수 있다.

즉 현재 발생하고 있는 문제의 본질이 어디에 있는지 명확하게 규명해 해결방안을 강구하는 것이 개선형 기획의 핵심인데, 다양한 이해관계가 얽힌 사안에 대해 정책의 우선순위를 어디에 둘 것인가가 문제점 해결의 관건이다.

아울러 이러한 문제가 광범위한 지역에 영향을 미치는 사회적 이슈에 의한 것이라고 판단된다면 '정책기획' 내지는 '전략기획'으로 접근해야 할 것이다.

'성공하는 사람들의 7가지 습관'의 저자인 스티븐 코비는 의사결정의 우선순위를 중요도, 긴급도에 따라 다음과 같이 설명했다. ①중요하고 긴급한 것 ②중요하지만 긴급하지 않은 것 ③중요하지 않지만 긴급한 것 ④중요하지 않고 긴급하지 않는 순서 등인데 무엇보다 문제를 인식하는 툴이다.

개선기획에서 가장 중요한 것이 우선순위 결정이라고 할 수 있는데 가장 중요하고 시급한 첫 번째 문제를 해결하면, 나머지는 자연스럽게 해결될 수 있다는 것이 문제해결의 핵심이 아닐까 한다.

"공 주무관! 하나의 예를 들어볼까. 지자체가 민간위탁한 노인요양센터를 3년의 계약기간이 종료됨에 따라 시설의 중복, 재정사정 등으로 인해 연장 운영하지 않기로 통보하였다. 하지만 수혜자 가족들이 연장을 강력히 희망한다는 이유 등을 들어 재계약을 요구한다면 무엇이 문제일까?"

"또한 그들의 의사를 관철하고자 수혜자 가족을 비롯해 여러 압력단체를 동원한 항의시위에 대해서는 어떻게 해야 할까?"

공 주무관과의 대화에서 현재 노인요양센터가 안고 있는 문제는 대략 세 가지로 정리해 볼 수 있다.

① 지자체의 민간위탁 협약 해지에 따른 민원제기

② 노인요양센터 수혜대상자의 서비스 중단문제

③ 노인요양센터 직원들의 고용해지인데, 여기에서 문제의 핵심은 수탁체의 협약 이행 불성실이 가장 중요한 문제가 아닐 수 없다. 민간 수탁체가 직원들의 인건비 삭감 등 자구책을 강조하지만 수혜자가족, 압력단체 등을 동원하여 일방적으로 운영연장을 요구하는 것은 법적으로나 도덕적으로 바람직하지 않다.

비록 자구노력이 가능하다고 할지라도 지자체와의 협약이행에 대해서는 신의성실의 자세가 중요한 것이며, 이러한 토대위에서 지자체와 효과적인 개선방안을 강구해 나가야 한다.

문제의 본질은 왜곡될 수 없어

민간수탁체가 노인요양센터 시설 운영에서 가장 기본이 되는 협약의 성실성까지 팽개치면서 외부세력을 이용하여 자신들의 주장을 관철하려는 것은 문제의 본질을 왜곡하려는 시도로 밖에 볼 수 없다.

따라서 가장 중요하고 시급하다고 판단되는 협약이행의 책임이 문제해결의 관건이라 아니 할 수 없으며 이를 책임 있게 인정하는 것이 최우선이라고 할 것이다.

이러한 상호 신뢰의 기반위에서 해결 가능한 과제를 적극적으로 발굴하고 실천해 가야 한다.

이를테면 수혜대상자의 서비스는 인근 노인복지시설과 연계하여 처리한다든지, 직원들의 고용해지 부분은 향후 건립되는 노인복지시설에 우선적으로 채용한다는 등의 가시적인 해결방안이 토의될 수 있을 것이다.

개선 기획이란 무엇보다 당사자들이 주장하고 있는 핵심문제를 규명한 후 지자체가 해결해야 할 공적인 문제점을 도출하고, 민관(당사자)이 상호 협력하여 중요한 과제부터 순차적으로 실천해 감으로써 소기의 목표를 달성할 수 있을 것이다.

질적 향상을 위한
전략기획

"공 주무관 전략기획에 대해 들어보았나?"
"글쎄요 어떤 방법으로 해야 하는 건지 잘 몰라요"
"그래 공무원들이 어렵게 생각하는 부분이지!"

　지역사회에 있는 이해관계자(Stakeholder analysis)를 분석하고 조직의 내부적 강점(Strengths)과 약점(Weaknesses), 외부적 기회(Opportunities)와 위협(Threats)을 파악해 강점과 기회를 최대한 활용함으로써 약점과 위협요인을 최소화시키는 것이 전략기획이라고 할 수 있다. 이는 조직리더의 관점에서 조직의 내외부 환경을 냉철하게 분석해 보다 발전적인 정책의 동력을 마련키 위한 것이다. 지자체의 영역에서는 자치단체장이 새롭게 취임하면 기존 조직의 내외부 환경을 분석해 조직 개편을 추진하고 새로운 정책비전을 제시하는 '전략기획'이 대표적이라고 할 수 있다. 지역의 성장 잠재력을 개발하고, 지역의 차별화된 역사성이나 인문·자연자원을 활용해 특화사업을 개발하는 것 등이 될 것이다.

관악구가 민선 5기 들어서면서 서울시 자치구 최초로 '도서관과'를 신설하고 '10분 거리의 작은도서관 사업'을 펼친 사례가 여기에 해당 될 것이다.

2011년 기준 관악구의 도서관지표를 살펴보면 서울시 25개 자치구중 주민들의 독서모임은 선순위를 달리는 등 인문(독서)자원이 풍부하다는 강점에도 불구하고, 도서관지표는 평균 이하였다. 공공도서관수는 총4개로 12번째, 도서관 1관당 인구수 또한 132,467명으로 16번째, 도서관자료는 193,448책으로 19번째에 불과해 약점이었다.

이러한 SWOT 분석결과에 따라 주민들의 지식정보 접근이 어려운열악한 독서기반확충을 위해 지식복지 사업을 기회라고 인식하고 내부적으로 독서문화진흥을 리더할 수 있는 전담부서인 '도서관과'를 신설하게 되었으며, 외부적으로 주민들이 도서관을 손쉽게 이용할 수 있도록 '걸어서 10분 거리의 작은 도서관 확충 사업'이 가능했다는 사실인데, 대부분의 공무원들이 '전략기획'이라는 개념을 쉽게 이해하고 있다고 생각하지 않는다.

필자 또한 서울인재개발원에서 학습했던 명지대학교 정윤수 교수의 정책기획 교재를 통해 다소나마 이해하게 되었으며 다음에서 서술하고 있는 상당부분을 여기에서 발췌했다.

조직과 환경 모두에 적합한 전략 개발해야

Bryson(1988)은 전략기획을 "조직의 성격, 나아갈 방향, 그리고 그에 따른 조직의 활동 및 조직이 그러한 활동을 해야 할 이유 등을 밝혀 줌으로써 조직이 외부환경변화에 잘 대처해 올바른 결정을 하고 적절한 조치를 하도록 돕는 노력이다"고 정의했다.

이러한 전략기획의 핵심은 법과 규정의 파악이 기본이고 이해관계자를 분석하고 조직내외부의 SWOT분석을 통해 정책을 형성하고 조직의 비전을 확립하는 것이다. 전략기획에서는 '이해관계자'가 특히 중요한데 자치구에서 노점정책을 추진하는 경우 담당부서인 건설관리과, 해당지역 노점상, 노점상연합회 등의 관련단체, 노점을 이용하는사람, 그 지역주민들이 이해 관계자라고 할 것이다. 이는 조직의 방향, 자원 혹은 산출물에 대해 간섭하고 권리를 주장하거나 조직의 산출물에 의해 영향을 받는 사람, 집단 또는 조직을 말하는데 정책이 형성되거나 소멸하는데 직접적인 영향을 미치기 때문이다.

혹자는 전략기획이 지역사회의 장기발전계획과 무엇이 다른가 반문할 수 있지만 전략기획은 조직에 초점을 맞추고 조직의 성과를 향상시키거나, 지역사회가 직면하고 있는 위기와 기회, 장단점 등에 대해 더 심층적이고 더 많은 관심을 가지고 기획하는 것이다. 기업에서는 오래전부터 전략기획이 연구되고 실제

기업의 운영에 적용돼 전략적 사고와 행동에 많은 기여를 하고 있지만 지자체 등 공공부분에서는 아직까지 보편화된 기획으로 자리잡지는 못하고 있는 실정이다. 최근에는 합리적인 논리 체계와 같은 차원을 넘어 보다 차별화된 가치를 창출할 수 있는 방법으로, 우리 두뇌가 어느 순간에 섬광처럼 해결방안이 떠오르는 '전략적인 직관'에 대해서도 다수의 실증적인 사례들이 발표되고 있어 사람들의 관심이 높아지고 있다.

　지역의 경쟁력과 직결되는 전략적인 기획(직관)은 자치단체의 환경변화에 능동적으로 대응하기 위한 차원에서 공무원들의 보다 많은 관심과 노력이 요구되는 분야다.

빼는 것이 더하는 것이 되는 창조기획

"공 주무관! 요즈음 유행하는 4차 산업과 창조경제가 무얼까?"

"과장님! 사람들의 상상력이 다양한 기술, 문화, 산업과 만나 새로운 비즈니스를 만드는 것이 아닐까요."

"이제는 제조업중심의 물리적 체제가 아니라 지식, 정보통신기술의 융합 체제 등으로 기존에 예상할 수 없었던 새로운 부가가치를 창출하는 것이지."

지방공무원들이 지역의 다양한 잠재자원을 활용해 경쟁력 있는 시책이나 사업 소재를 개발하기 위해서는 은유적 연상을 부단히 해야 한다.

여기서 은유(metaphore)란 X=Y처럼 전혀 연관성이 없는 두 개의 새로운 개념이 만남으로서 창조적 시너지가 발생하는 것이다. 이러한 창조성이란 구체적이고 실제적인 것으로 사람들이 살아가면서 남들이 보지 못하는 문제를 보는 능력이다. 또한 크고 거창한것이 아니라 현실기반적인 사고를 바탕으로 기존의 경험과 지식을 결합해 새로운 가치를 만들어 내는 것이다. 이는 곧 아래 예시처럼 사물의 현상을 전혀 다른 각도에서 바라보고 종전에 없었던 새로운 가치의 메시지를 만들어 주민들에게 강한 공감을 불러일으킬 수 있다.

≫ **동주민센터가 우리집이다**
  → 우리집처럼 편안하고 안락한 민원실을 만들겠다.

≫ **사람이 식물이다**
  → 주민의 지식복지가 식물처럼 성장할 수 있도록 도서관을 확충하겠다.

≫ **구청이 학교다**
  → 구청에 평생교육강좌를 개설해 주민누구나 이용토록 하겠다.

이는 창조적 아이디어를 '어떻게 연결하느냐'에 따라 그 가치와 평가는 달리질 수 있다는 의미이다. 다소 빗겨나간 이야기지만 삼성의 조선호텔 수입은 숙박수익이 아니라 85%가 면세점 수익인데. 호텔이 숙박업이라는 생각을 버렸기에 가능한 것이었다. 구청이 구청(행정)을 버리고 학교가 학교(공부)를 버릴 수 있는 대조적인 시각이 필요하다. 곧 행정만 하지 않는 구청, 공부만 하지 않는 학교인데 고정관념을 벗어나야 좋은 정책 사업이 한 눈에 들어올 수 있다는 의미다.

대표적인 정책 사례가 전남 함평군의 나비축제다. '나비가 꽃밭에서 춤춘다'고 할 때는 기존의 만남이지만 '나비는 축제다'고 할 때는 새로운 만남이라고 할 수 있다. 들판의 하양, 노랑나비들이 날개짓을 하는 유년시절의 아름다운 향수를 자극해 세계적인 에코 축제를 만들었다. 가난한 농촌지역이 은유적 연상을 통해 지역경제 활성화의 시너지를 찾을 수 있었다는 것은 뛰어난 통찰력의 소산이다.

처음에는 널려있는 자연자원을 활용해 '함평 자연환경축제'를 만들었는데 '함평나비 축제'로 바꾼 것은 자치 단체장의 거시적 안목과 이를 기획한 공무원의 디테일한 관찰력, 주민의 응원이 더해져 이루어진 것이다.

강원도 화천의 산천어(山川魚) 체험축제도 마찬가지다. 혹독한 추위에 산과 물 밖에 없는 척박한 환경이었다. 어떻게 하면 재정자립도가 낮아 중앙정부에 손을 내미는 의존적인 지역경제에서 벗어나 '이 지역을 살릴 수 있을 것인가'에 대한 은유적 상상 과정을 통해 세계적인 겨울축제가 탄생할 수 있었다. 비수기의 한파라는 위기를 기회로 활용해 산(山)과 물(川)을 결합시켜 이곳에 살지도 않았던 산천어를 지역의 브랜드로 만든 것이다. 이로 인해 미국, 중국, 영국 프랑스 등 세계 언론에서 세계 10대 이색관광지, 세계 겨울 5대 축제로 소개되면서 매년 수많은 국내외 관광객이 찾고 있는 명소로 자리 잡고 있다.

연관성이 없는 결합이 새로움을

군산 어느 빵집의 부추로 만든 빵이 전국적 인기를 끌고 있다. 부추와 빵처럼 전혀 어울리지 않은 연결이 소비자의 색다른 구미를 자극했기 때문이다.

차별화된 레시피로 고객의 입맛을 사로잡아야 단골을 확보할 수 있다는 의미이다. 이와 관련 언젠가 홈플러스의 '빼는 것이 플러스다'라는 광고를 접하고 신선하다는 느낌을 가졌다. 고객이 느끼는 불필요한 거품을 빼고, 만족스러운 물품으로 생활에 플러스가 된다는 역설적인 카피는 참신한 기획적 발상이다. 주민의 삶의 질 향상을 위한 지자체의 창조기획 또한 홈플러스의 광고카피처럼 고객들의 욕구를 재해석해 한 번 오고 두 번 오고 자꾸만 오고 싶도록 해야 한다. 이러한 변화의 중심에는 단점을 장점으로 승화시키는 '역발상'은 물론 원개념과 보조개념의 연결이 없는 '은유적 연상사고'와 같은 감성적 발현이 원동력이 아닐까 한다.

원시시대에는 사람들이 우성 농산물 DNA를 선택할 수 있는 지혜로 먹거리를 해결할 수 있게 되었고, 시대가 흐르면서 제조업 중심의 산업 DNA를 선택해 문명을 발전시켜왔다. 하지만 지금은 지식, 정보 DNA가 융합을 거치면서 인공지능에 기반한 4차 산업 혁명시대를 열어가고 있으며 그 중심에는 '직관과 통찰'이라는 인간의 감성이 자리 잡고 있다.

3

유형별
기획

지역사회 문제해결을 위한 정책기획

"공 주무관! 가치판단이 요구되는 정책기획을 해 본 적이 있는가?"

"여러 정책대안을 검토해야 하는 일인데 아직 경험이 없어요!"

"다양한 전제가 필요한 만큼 깊이 있는 공부를 해야 할 것 같아."

민주화, 정보화, 지방화 등 사회 환경의 급속한 변화로 인해 복잡한 사회문제가 빈번히 발생하고 있다. 주민의 삶의 질 향상에 대한 다양한 욕구분출이라고 할 수 있는데, 님비(nimby, not in my back yard)와 핌피(pimpy, please in my back yard) 현상 등이 대표적이다.

지자체의 특성에 따라 "우리 동네에 공공도서관을 설치해 달라"고 요구 할 수 있고, "쓰레기처리문제 해결을 위해 자원회수시설 설치가 시급하다"고 주장 할 수 있으며, 우리지역에 환경오염을 유발하는 "산업폐기물 처리장을 이전해 달라"는 등 주민 욕구는 갈수로 증가할 수 있다.

과연 사회문제일까?

주민의 삶의 질에 대한 욕구가 단순히 개인적 차원이 아닌 공적인 사회문제라고 인식한다면 정부와 지자체가 나서야 하는데, 이는 정책기획과정을 통해 해결해 갈 수 밖에 없다. 그렇다고 모든 사회문제가 정책으로 채택되는 것이 아니라 사회적 이슈가 진전되지 못하는 경우 자연히 소멸되기도 한다.

지역사회 문제는 그 영향이 미치는 정도에 따라 '개선기획'과 '정책기획'으로 구분할 수 있는데, 개선기획이 소수주민의 지엽적인 문제라면 정책기획은 다수의 전체적인 사회문제로 인식될 때라고 할 수 있을 것이다.

한편 객관적인 조건을 따져 봐야 하는데 사회구조적인 요인에 기인해 그 영향이 광범위한 지역과 사람에 미쳐 개인적 차원에서 문제를 해결할 수 없는 복합적인 사회문제를 가졌을 때일 것이다. 정책기획은 특히 상위계층(고위공직자)의 가치판단이 중요한 잣대로 작용하는바, 주변 환경과 '이해관계자'의 의견 수렴 등 제반 요인들을 종합적으로 검토해 정책의제로 채택여부를 결정해야 한다. 이러한 측면에서 1980년대 정부가 채택한 인구관리 정책은 상위계층의 잘못된 가치 판단으로 제 3종 오류(Type Ⅲ Error)를 범하고 말았는데, 정책을 기획하는 공무원들에게는 반면교사가 아닐까 한다.

불과 30년 앞을 내다보지 못하고 인구증가 억제정책(가족계획사업)을 밀어붙인 결과 심각한 인구절벽에 직면해 고령화와 노동 생산성 감소 등의 부작용을 초래하고 있으며, 이제는 이와 정 반대의 결혼장려와 저 출산대책 등으로 이를 만회하기 위해 안 간힘을 다하고 있다.

이른바 정부의 인구 억제 정책은 비행술에서 말하는 돌이킬 수 없는 지점(PNR: Point of No Return)을 지났기 때문에 부작용이 생겨버린 것이다. 뉴욕에서 프랑스로 향하는 비행기가 대서양 을 중간정도 횡단한 지점에서 엔진에 이상이 발생했다면 뉴욕 으로 돌아가기 보다는 파리로 계속 갈 수 밖에 없다는 것인데 저출산 대책이란 사후 보완책으로 힘겹게 가고 있는 것이다.

인구 억제라는 비행기체에 대해 충분한 안전 점검이 이루어 지지 않은 채 운항을 한 탓이겠지만 그 손실에 따른 사회·경제 적 지불비용은 엄청나게 클 수밖에 없다는 점이다.

≫ 밀레(John D. Millett)는 정책기획을 행정조직의 상위계층에서 이루어지는 정책적 차원의 기획으로 가치판단의 문제가 내포되고, 운영기획은 정책기획에 서 설정된 목표를 구체적으로 실천하기 위해 조직의 중간계층이하에서 작성 하는 관리차원의 기획을 말한다고 했다.

결국 정부나 지자체가 공적인 문제로 인식하게 되면 '정책의 제'로 채택하게 되고, 정책의 '형성 → 집행 → 평가'의 기획 과정을 거치는데 목표가 애매하거나 결과예측이 불확실한 경우, 그 선택에 한계를 지니게 된다. 따라서 정책결정자의 가치판단이 작용한다는 점에 유의해야 한다.

우리나라 인구증가 억제 정책은 가족계획사업이라는 잘못된 정책결정으로 인해 현재까지도 국가경쟁력을 저하시키는 원인이 되고 있다는 점에서 정책기획이란 일방향이 아닌 쌍방향 의사 소통을 전제로 이해관계자들의 의견수렴을 포함해 주도면밀한 절차를 하나하나 거쳐야 하는 것이다.

한편 정책의 형성과 집행과정에서 정책이 보다 구체화되고 필요한 예산 등 자원의 공급이 이루어지는데, 이 과정에서 상호간의 충돌이 있거나 자원의 공급이 원활하지 않을 경우 정책이 수정될 수 도 있다는 점이다. 정부가 경북 성주군 성산포대 지역에 사드(고고도 미사일방어체계) 배치를 계획했을때, 군민의 집단적인 저항으로 주민갈등이라는 지역사회 문제가 발생해 인근지역 골프장 부지로의 재검토 과정이 수반된 사례가 여기에 해당될 것이다. 정부와 주민 간 극심한 갈등을 야기한 사드 재배치 정책이 결정됐다면, 인근의 후보지에 대한 광범위한 비교 검토와 주민여론수렴이 추진돼야 한다. 대안의 탐색과 비교검토 과정은 과거나 현재의 정책사례를 참고할 수 있고 집단토의나 델파이기법 등을 활용해 새로운 대안을 제시할 수 있는 것이다. 이후에는 구체적인 실행을 위해 필요한 예산 등의 자원 공급이 이루어지는 정책 집행과정을 거치게 되며, 의도했던 정책 목표의 효과가 제대로 나타났는지 검증하는 '정책평가' 단계를 거쳐 정책의 사이클은 마무리 된다.

정책기획에는 고도의 가치판단이 작용하는 만큼 어느 정도 숙달된 기획력을 전제로 한다고 볼 때 담당부서 공무원들이 주민들의 의견수렴을 토대로 전문가 그룹 등과 심도있는 논의 과정을 거쳐야 할 것이다. 하지만 지자체의 기획과정이 정책기획과 운영기획으로 뚜렷하게 구분되는 것이 아니라 그 경계가 불분명한 경우가 상당히 많으므로 이를 혼용하고 있는 실정에서, 일상적인 기획에서도 가치판단이 이루어지는 경우가 많이 있다. 따라서 지방공무원들이 더 많은 자신만의 학습노력을 통해 가치판단이 작용하는 본래적 의미의 정책기획까지도 원활하게 수행할 수 있다면 최선의 바람직한 상태라고 할 수 있을 것이다.

주민의 자긍심을 고취하는 행사기획

"공 주무관! 행사는 잘해야 본전이라는 말 들어 봤지?"

"예! 공무원들 사이에 자주 회자되는 이야긴데요"

"사전에 철저히 준비 했는데 실수가 나올때는… 멘붕 상태가 되지"

"공무원들이 행사 준비로 스트레스를 많이 받는데, 좋은 방안이 없을까요?"

지방자치단체 행사는 매년 개최하는 '신년인사회'를 비롯해 어버이날, 노인의 날, 사회복지의 날, 호국보훈의 달처럼 기념일을 기리는 목적형 행사를 비롯해 다양하게 추진되고 있다.

'사회복지의 날' 행사 때의 일이다. 중앙부처 차원의 보건복지부에서만 시행하였는데 지금은 많은 지자체에서 정례적 행사로 개최하고 있다. 필자가 2000년대 초반 사회복지과에 있을 때 사회복지종사자들의 처우가 열악하고 또 민관의 유기적인 협력이 중요시됨에 따라 의례적인 의전행사를 지양하고 사회복지공무원과 사회복지시설 종사자들이 한데모여 '사회복지가족 체육대회'를 기획행사로 개최했던 기억이다.

구민 운동장에서 청군, 백군으로 나누어 운동경기를 하면서 사회복지가족이라는 연대의식을 느낄 수 있었고 도시락을 먹으면서 서로의 애로사항을 이야기하는 시간은 공감의 커뮤니티가 됐다. 당시만 해도 사회복지 공무원과 사회복지시설 종사자들이 재정지원과 지도감독이라는 수직적 전달관계로만 형성돼 있을 때, 민관 복지 거버넌스로 소통의 장을 넓힌 것은 매우 유익했다는 생각이다.

지자체에는 여러 행사가 있지만 '내가 참석한 행사가 보람이 있었는가!'라는 주민들의 공감 형성이 중요한데 지금까지 그렇게 하지 못했다는 생각이다. 담당 공무원의 행사기획 방식은 '잘해야 본전'이라며 오직 실수하지 않으려는데 집중하다보니 본래의 '목적'보다는 '수단'에 치우쳐 주민들의 삶의 질을 고양할 수 있는 문화적 욕구를 살리는데 관심이 적었다고 할 수 있다. 이런식이라면 형식치레의 행사에 주민들이 식상해 하고 괜히 왔다는 허탈감만 간직한 채 돌아가게 되지 않을까. '내가 여기에 왜 왔지? 박수부대인가?'라는 생각이 들 수 도 있다는 것이다. 필자가 도서관과장으로 있을 때는 직원들의 불만에도 불구하고 작은도서관 개관식에서 종전에 하지 않았던 문화공연행사를 가미해 봤다. 인근에 있는 초등학교의 협조를 얻어 현악기 연주와 합창공연을 추가하였는데 학생들 스스로의 자긍심이 고양되고 주민들이 기뻐하는 모습이 역력했는데 아들손자들을 생각하며 미소 짓는 시간이 됐을 것이다.

지자체 행사에서 가장 중요한 것은 내빈소개가 아니라 '우리 지역이 이렇게 변화하고 있구나! 나도 자치행정에 참여해야 겠구나! 그 공연 정말 감동적이었어!' 라는 주민들의 지지와 공감을 이끌어 내는 일이다.

신년인사회를 간소하게 한다는 이유로 문화공연 등을 생략하는 경우가 많은데 대형가수를 초청해 별도로 개최하기 보다는 지역의 우수한 문화예술자원들이 주민들에게 문화향수의 기회를 제공하는 것이 의미 있는 일이다.

공직선거법의 제한으로 이마저도 여의치 않지만 어머니 합창단, 지역 예술인, 또 서울대학교 음악 동아리 등을 각종 행사 공연에 참여토록 하는 것이 어떨까? 이게 지역문화 창달이고, 소통이요 공감이다.

행사를 하면서 늘상 느끼는 것은 너무 많은 사람들을 소개하다 보니 본말이 전도되는 비효율성이 심하다는 사실이다. 결혼식 청첩장에 흔히 등장하는 '화환은 정중히 사절합니다'라고 표기하듯이 지자체 행사 초청장에는 '내빈소개는 간소하게 하오니 양해해 주시기 바란다'는 문구를 표기한다면 어떨까 한다.

이렇게 양해를 구했는데도 "내 소개가 왜 빠졌어!"라고 고함을 치는 사람이 있다면 기본적인 인격과 자질을 의심해 봐야 하지 않을까!

지자체 '신년사인사회'에서 한가지 개선되야 할 점은 신년인 사회는 단체장이 한 해의 역점사업을 주민들에게 소상히 알리는 자리인데 공직선거법으로 인해 참석한 주민들이 인쇄물로 된 '신년사'를 볼 수 없다는 사실이다.

민주주의 꽃이 풀뿌리 지방자치인데 헌법상의 가치와도 어긋나므로 한해 업무추진실적과 새해의 사업설계를 알리는 신년사는 주민들에게 제공돼야 지방자치의 의미를 살릴 수 있다고 본다.

공직선거법이 '과연 누구를 위한 법인가!'를 생각할 때, 국회의원과 지자체장의 정치적 이해관계로 인해 주민의 알권리가 제한 된다면 바람직하지 않으므로 해당 조항의 개정이 필요하다.

지역의 정체성을 살리는 축제기획

"과장님! "자자체 축제는 그냥 하루를 즐겁게 보내자는 형태가 많은데 지역 특성을 브랜드화해야 하지 않을까요?"
"그것을 문화산업적인 관점이라고 해. 하지만 축제의 핵심은 문화적 정체성이지. 오랜기간 응축되어진 주민의 생활습관과 체험들이 잘 계승되어야 한다고 봐."

우리나라 지자체 축제의 약 90%가 주민 화합형에 그치고 있어 다양한 지역개발형 축제를 확대해야 한다는 의견이 부단히 제기되고 있다.

전국을 유랑하는 각설이타령 가수를 초청해서 주민들에게 단순오락을 제공해야 겠다는 식의 축제는 지역의 정체성을 제대로 살리지 못해 주민의 삶속에 온전히 뿌리 내리기가 어렵다. 지역의 축제가 흥겹기는 하지만 실제 가보면 알맹이가 없는 '먹고 마시기' 축제가 비일비재한 것이 현실이다. 이는 축제 기획담당자의 문화적 안목과도 깊은 관련이 있다고 볼 수 있다.

지역의 축제가 단순히 먹고 마시는 것이 아니라 지역 주민들의 삶속에 응축되고 내재화된 오랜 경험과 습관들을 즐겁게 풀어냄으로써 지역의 문화적 정체성을 살릴 수 있어야 한다. 나아가 지역브랜드를 강화해 관광객을 유치하고 문화관광상품 판매 등으로 부가가치를 창출해 지역경제에 기여할 수 있다면 더욱 바람직하다. 프랑스 남동부의 인구 10만 명도 안 되는 작은 도시에서 매년 여름이면 열리는 '아비뇽 페스티벌'은 수준 높은 연극 작품을 주민들에게 선보이자는 정책의 일환으로 시작된 축제인데, 해마다 세계 각국에서 연극을 보기 위해 수십만명의 인파로 북적이는 예술 축제의 도시가 됐다.

지역축제 문화적 정체성 개발해야

세계의 유수한 축제들이 많은 관광객을 모으는 이유가 그 지역의 정체성을 어떻게 개발하고 발전시켜 가느냐에 달려 있음을 보여주는 사례다.

우리나라의 강진 청자 문화축제, 진주 남강 유등축제와 경북 안동의 하회 탈춤 축제, 영주의 선비축제, 문경 찻사발 축제, 천안흥타령 축제들은 지역의 문화적 정체성이 담겨있는 축제다. 경북 안동, 봉화, 영천은 퇴계이황의 영남학파 사람들이 유학의 맥을 형성했던 곳으로 '안동의 미소, 하회탈'을 주제로 한 안동국제탈춤 축제 등을 비롯해 전통문화를 재현하고 있다는 점이다.

필자가 근무하고 있는 관악구 또한 2016년부터 '관악산 철쭉 제'를 '강감찬 축제'로 바꾸어 전통문화계승에 노력하고 있다. 서울의 대표적인 명산이 관악산이 관악구에 있기는 하지만 철 쭉이 듬성듬성 자라고 아예 철쭉 군락지(群落地)가 없는데도 철 쭉제를 개최해 오다 보니 지역의 정체성을 살리지 못하고, 먹 고 마시는 소비성 축제로 전락한 것이다. 하지만 고려구국의 영웅 강감찬 장군은 이와는 사뭇 다르다. '얼'이 지역 곳곳에 서 려 있다. 강감찬이 태어난 낙성대 공원이 위치해 있고, 강감찬 장군이 지팡이를 꽂아 자랐다는 전설이 있는 천연기념물 굴참 나무, 강감찬의 시호를 딴 인헌동, 인헌 초등학교, 강감찬 장군 의 어릴 때 이름을 딴 은천로, 은천초등학교 등이 그것이다.

이에 관악구는 2016년부터 강감찬 장군이 태어난 낙성대 공 원에 주행사장을 두고 강감찬 전시관과 강감찬 사당을 주민들 이 둘러볼 수 있도록 함은 물론 강감찬 전승거리행렬 재현, 고 려 과거시험 개최, 고려민속촌 운영 등을 통해 주민들에게 전 통문화의 향수를 느끼게 했다.

그러나 서울의 대표적인 브랜드 축제가 되기 위해서는 인근 서울대학교 및 서울시 과학전시관 등과 연계한 축제프로그램 개발 등 넘어야 할 산이 많다고 하겠다. 또 장기적으로 고려박

물관 건립과 고려 민속촌 조성 등을 통해 개성이 고려의 북경(北京)이라면 관악구가 고려의 남경(南京)으로 자리매김할 수 있도록 많은 노력이 요구된다고 할 것이다. 지역의 자연유산을 활용한 축제의 개발은 전통문화유산 계승은 물론 지역경제 활성화에도 상당한 기여를 하고 있다.

대표적으로 보령시에서 1998년부터 폐각분 백사장을 자랑하는 대천해수욕장의 바다 갯벌 진흙을 이용해 보령 머드축제〈사진〉를 개최하고 있는데 지난해 기준 국내외 관광객 568만명을 유치하는 괄목할 성과를 거두면서 세계적인 축제로 발전하고 있다. 보령은 136km에 이르는 해안선을 따라 고운 진흙이 펼쳐져 있다. 성분 분석 결과 원적외선이 다량 방출되고 미네

랄·게르마늄·벤토나이트를 함유하고 있어 피부미용에 효과가 뛰어난 것으로 알려졌다.

서해갯벌이 세계 5대 갯벌중 하나임에도 머드를 전량 외국에서 수입하는데 착안해 배재대학교 관광연구소에 의뢰해 지역화합형 축제였던 '만세보령문화제'를 개선해 '머드축제'가 기획됐다. 보령시가 학관협력으로 이루 낸 값진 결과이며, 세계적인 관광 축제가 되기 위해서는 스토리와 확장성 등의 몇 가지 구비조건이 필요한데 보령머드축제는 양질의 '머드' 스토리를 기반으로 경쟁력을 갖추고 있다. 사단법인 한국문화관광포럼에 따르면 2017년 머드축제 생산유발효과는 996억 원(전년 727억 원, 37%↑), 소득유발효과는 181억 원(전년 130억 원, 39%↑), 고용유발효과는 7억1300만 원, 713명(전년 5억 원, 42.6%↑, 500명)으로 나타났다.

'주민이 하루 즐겁게 놀 수 있도록 하자'는 가설과 '주민이 전통 문화를 즐길 수 있도록 하자'는 가설은 기획의 전개가 전혀 다르기 때문에 정체성 있는 문화 관광 축제로 발전하기 위해서는 지역의 특성에 기반해 '주제＋시간＋장소'라는 성공조건들이 축제기획에 잘 반영돼야 할 것이다.

문화 거버너스 구축

첫째로 주제는 지역만이 갖고 있는 향토적인 것이 핵심이다.

독일 뮌헨 맥주축제, 일본 삿보르 눈축제, '보령 머드축제' 등은 보지 않아도 기분 좋은 이벤트 이미지를 생성하고 있다.

둘째, 효과적인 축제 공간 설정 및 행사장 구성이다. 호불호의 약 90%는 장소적 이미지라는 말이 있는데, 개최장소의 지명도를 고려해 인근의 유명시설을 활용하고 청자의 도시 강진, 나비의 축제 함평과 같이 전용축제장도 검토할 필요가 있다. 주 행사장과 부 행사장의 연계가 중요한데, 편리한 교통의 접근성 등을 고려해 행사장 주변 유명건물, 주차장 수용능력, 행사장 방문 경험율 등을 충분히 고려해야 한다.

셋째, 시간 전략이다. 비수기를 성수기로 만든 화천 산천어축제는 역발상의 극치다. 또한 특산물 생산시기를 고려해 한산모시는 7,8월 행사를 6월로 바꾸었는데 강설과 우천확률 등 관광객을 고려한 시간선택 전략을 신중하게 검토해야 한다.

넷째, 경쟁력 있는 소재의 프로그램 개발이다. 금산 인삼축제에서 인삼말리기, 인삼 깍두기 담기, 인삼캐기와 같이 관광객의 관심을 끌 수 있는 체험프로그램을 적극 개발하는 것이 필요하다. 지자체 축제가 그 지역 고유의 정체성을 어필 할 때 성공적인 축제로 한걸음 더 가까이 다가갈 수 있다. 지방 축제담당공무원들이 문화적 정체성에 대한 지식과 확신이 부족하다면 주민들에게 감동을 줄 수 있는 축제를 기획하는데 한계가 있다. 축제가 문화관광산업적인 면만을 지나치게 부각해 대규모

테마파크 조성에만 열을 올려서는 성공할 수 없다. 따라서 주민·교수·전문가 등으로 축제기획위원회를 구성하는 '문화 거버넌스' 구축을 통해 지역의 전통에 기반한 상상력으로 주민의 삶이 내재화 된 의미 있는 전문화축제를 준비하고 실행해 가야 할 것이다.

기획실전
처음부터
끝까지

1

기획의 프로세스
어떻게 할까

기획의 체계구성
정답이 없다

"공 주무관! 그동안 배운 지식으로 기획절차를 설명할 수 있겠나?"
"많이 듣긴 해도 무엇을 어떻게 해야 할 지 생각나지 않아요. 조례준칙처럼 기획준칙이 있다면 얼마나 좋을까 생각했습니다."

공 주무관의 말에 공감하는 공무원이 많을 것이다. 필자 또한 30년 이상 공직에 근무하면서 다양한 행정경험을 쌓아왔지만 막상 기획을 하려면 무엇을? 어떻게? 해야 할지 생각이 잘 나지 않는다. 그래서 '기획에 관해 명쾌한 프로세스가 있다면 얼마나 좋을까'를 고민해 보았지만 딱 떨어지는 모범답안이나 공식은 없다는 것이 나의 결론이다.

'기획은 2형식이다'의 저자 남충식 씨는 "P코드(문제)를 생각하고 S코드(해결책)을 찾으면 된다"고 했다. '최강의 기획서' 저자 이용갑 씨는 '현문종세'를 강조하였는데, '현'은 현황파악으로 과거부터 지속돼온 문제들이 현재에는 어떤 결과를 가져왔는지

규명하는 것이다. '문'은 문제점 도출인데 현재 처한 문제점과 그 문제점의 원인을 파악하는 것이고 '종'은 종합대책으로 문제점을 해결하기 위한 대책을 수립하고 어떻게 실행할 것인가이다. 마지막 '세'는 세부시행계획인데 구체적인 실행계획을 세우는 단계로서 중간점검과 성과 측정을 포함하고 있다. 필요할 시 '미'라고 하는 '미래대처방안'까지 강구해야 함을 강조하고 있다. '기획의 정석' 저자 박신양 씨는 문제정의, 상황분석, 방향설정, 전략도출, 계획수립이라는 기획프로세스 5단계를 강조하고 있다.

한편 정책기획의 프로세스는 목표의 설정, 상황분석, 기획전제의 설정, 대안의 탐색과 평가, 최종안의 선택 인데 사회문제 해결을 위한 가치 판단이 요구된다는 점에서 일반기획과는 전개방식에 있어 다소의 차이가 있다.

이처럼 기획의 프로세스마다 차이가 있는 것은 기획의 특성이 주변 환경이라는 외생적이고, 정성적인 변수가 존재하기 때문에 기획자의 관점에 따라 다르게 규정되는 것은 어쩌면 자연스러운 현상이다. 하지만 양질의 정보와 자료를 수집하고 분석하는 것은 물론 스스로 정답이라고 생각하는 가설을 세우고 검증한 후 실현가능한 전략과제를 도출하는 것은 간과하지 말아야 할 부분이다.

기획이란 딱히 정해진 공식이 없기 때문에 '어떤 기획이 주변

환경 요인에 얼마나 잘 부합하는지'를 생각하면서 자신만의 튼튼한 공식 체계를 만들어야 한다. 필자의 경험에서 보면 '목적' '현황' '문제점' '대책' '계획'(목현문대계, 目現問對計)이라는 다섯 개의 절차가 유용하다.

기업의 경우 문제를 신속히 해결해서 영리를 추구하기 때문에 문제점과 해결책이라는 2단계 법칙이 효율적인 일 수 있다. 하지만 공공 기획의 경우 주민의 생활환경 속에서 문제요인을 찾아내고 해결책을 강구하고, 별도 세부추진계획을 수립하는 5단계 절차가 더욱 효과적이지 않을까 한다.

이러한 기획의 절차에 대한 공통분모를 살펴보면 용어선택은 다소 다르지만 대체적으로 목적(목표) 현황(현상황, 현실태) 문제점(문제, 원인) 대책(해결과제, 해결책, 전략) 계획(행동계획, 추진계획, 실천계획) 등의 오단계(五段階)로 압축할 수 있다.

여기에서 목적+현황은 saw rule, 문제점은 problem rule, 대책+계획은 solution rule인데 saw - what이고 problem - why이고 solution - how로 이해하면 좋다.

어떤 사업을 추구하기 위한 광의의 방향으로 '목적'을 설정하고 '현황'이 무엇인지 자세히 살펴본 후(what), 왜 이러한 문제가 발생하였는지 원인을 분석해 문제점을 도출한다(why). 이어 문제점에 대해 해결과제를 어떻게 선정할지 대책을 강구하고 (how), 이에 따른 '세부 실행계획(action plan)'을 수립하면 된다.

기획은 '목현문대계'로 진행하는 것이 일반적이지만 현상파악과 문제규정을 동시에 간주하는 경우 별도의 문제정의가 필요하지 않을 수 있다. 현상은 문제를 품고 있고, 문제는 해결의 씨앗을 품고 있다는 말이 있듯이, 이러할 경우 1단계는 불필요할 수 있다는 의미다.

"가장 훌륭한 기획은 아직 하지 않은 기획이고, 무엇을 해야 할지 할 수 없을 때 무엇을 해야 한다"는 말이 있다. 기획에 대한 자신감을 잘 표현한 말이다. 누구든지 기획에 대한 두려움이 엄습에 올 때는 필자가 제안한 기획의 5단계를 기본으로 창조적 사유를 확장해 감으로써 자신만의 기획체계를 만들어 갈 수 있다. 하지만 이러한 프로세스가 자신의 창조적 발상을 저해하는 장애의 틀이라고 생각된다면 별도의 개성 있는 절차를 만들어도 좋을 것이다.

과제 도출을 위한
기획 5단계 프로세스

> "과장님, 기획프로세스 5단계는 기획실전에 도움이 되겠네요."
>
> "공 주무관! 목—현—문—대—계라는 5단계는 누구나 이해하기 쉬운 절차로서
> 잘 활용하면 기획서 작성에 많은 도움이 되겠지."

1단계 목적설정(what, why)

목적은 상대방의 관점에서 어떤 사업을 추구하기 위한 광의의 방향설정(존재의 이유)이고 목표는 어떤 사업이 도달해야 할 수준이다. 그러므로 목적 다음에 목표가 나와야지 갑자기 실행계획에 있는 내용이 나온다면 기획서의 논리체계가 우스꽝스럽게 된다. 지방공무원들이 추진해야 할 사업의 목적이 주민의 생활의 질을 향상키는데 있으며 목표는 여기에 도달하기 위한 수단으로 가시적인 설정이다. 여기에서 목적은 가급적 기획서의 첫머리 사각의 셀안에 3~4줄로 정리하는 것이 좋은데 '무엇을 왜

해야 하는 지'에 대한 본질적 의미라고 할 수 있다.

2단계 현황 파악(what, where)

공무원들이 어떤 사업을 추진하면서 난관에 봉착 했을 때 해결책을 찾지 못하는 이유가 문제의 본질이 무엇인지(어디에 있는지) 제대로 프레임하지 않았기 때문이다.

겉으로 드러나는 현상을 문제의 본질로 인식하는 오류를 범하지 않기 위해서는 객관적인 팩트를 정확하게 찾는 것이 필요한데, 1차적으로 현 실태를 정확하게 관찰한 후 관계자들과 인터뷰하는 것이고, 2차적으로는 신뢰도가 높은 내부 관련 자료를 찾아서 세밀하게 분석하는 일이다. 지나치게 자료수집에 매몰된다면 나무만 보고 숲을 보지 못하기 때문에 '팩트(fact)'와 '정보'는 균형을 유지하는 것이 중요하다.

좋은 정보란 수평적인 면이 아니라 수직적인 점을 파악하기 위해서는 막연하게 보는 것이 아니라 세밀하게 관찰하는 것이 필요하다.

눈에 보이는 현상이라고 해도 대강 보는 것이 아니라 문제의 배경과 실태를 정확히 꿰뚫어 볼 수 있어야 한다.

3단계 문제점 도출(why)

공무원들이 현업에서 문제규정을 할 때 가장 많이 범하는 오류가 사실을 문제로 잘못 인식하는 것이다. 토끼와 거북이가 경주를 해서 거북이가 이겼다면 어떤 문제가 있는가? 토끼가 '낮잠'을 잤기 때문일까? '자만심' 때문일까? 눈에 보이는 사실을 문제로 본다면 '낮잠'이지만 눈에 보이지 않은 본질적인 문제는 '거북이 너쯤이야'라고 하는 '자만심'이라고 할 수 있다.

문제를 문제점으로 인식한다면 전혀 다른 해결책이 나올 수 있다는 사실이다. 2w1h에 입각해 왜? 무엇을? 어떻게? 라는 의심과 문제의식으로 사실과 현상에서 본질적인 문제점을 찾아내는 것인데, 쪼개고 나누는 미시(MECE)를 통해 본래의 원형을 효과적으로 파악할 수 있다. 벌레가 먹은 밤이 얼마나 많이 썩었는지는 밤을 직접 쪼개 보아야 알 수 있듯이 창조적인 기획의 원천은 의심하면서 끊임없이 문제를 쪼개고 나누는 것이다.

우리에게 생각하는 방법을 가르쳐준 기획자이자 철학자인 데카르트는 '나는 생각한다, 고로 존재한다'고 했고 '더 이상 의심할 이유를 찾을 수 없을 때 까지 의심하고 또 의심하라'고 강조했다. 즉 의문에 의문을 더해 가면 본질에 더욱 가까이 다가갈 수 있다는 것이 기획이 가진 매력이기에 so what?(그래서 무엇인데?), why so?(왜 그래야 하는데?) 같은 의심을 부단히 제기 하면 문제해결의 핵심에 근접해 갈 수 있다.

4단계 대책강구(how)

어떻게 해결책을 강구할 것인가가 핵심이다. 대부분의 문제
가 근본적인 원인이라고 할 수 있는 문제점을 도출하는 것에 이
미 해결책을 포함하고 있다. 기획은 '현황과 문제규정이 8할'이
라고 할 정도로 본질적인 문제를 찾는 지혜와 안목을 필요로 하
고 있다. 그래서 기획가들은 선입견이라 할 수 있는 '확증편향
의 오류'를 경계해야 한다고 말한다. 자신의 관점을 지나치게
강조하다 보면 단순한 현상을 문제점으로 인식하는 우를 범하
게 된다는 것이다.

문제란 과거·현재·미래의 경계를 넘나들고 있으며, 현상이
문제를 품기도 하고 문제점이 해결책을 품기도 하는데 객관적
인 시각에서 살펴봐야 한다. 토끼의 자만심이 근본적인 원인이
라면 그 해결책은 토끼가 겸손하게 경기에 임하도록 다잡으면
된다. 그러나 보다 질 높은 문제해결책이 요구되는 사안에 대
해서는 어떤 문제를 발판으로 용수철처럼 튀어 오르는 연상능
력이 요구된다.

이를 '메타포'라 강조한바 있는데 A=B라는 전혀 다른 관념들
을 대등하게 연결할 수 있는 창조적 사고라고 할 수 있다. '웃음

을 파는 장사꾼이 공무원이다'와 같이 전혀 다른 의미의 연결이 주민에게 감동을 주는 시책이 될 수 있다. '스타벅스는 도심의 오아시스다'는 은유적 콘셉이 스타벅스를 부동의 성공반열에 올려놓았다.

5단계 계획 수립(plan) - 실행계획 9단계

앞의 대책이 성공을 거두기 위해서는 잘 짜여진 '세부실행계획(action plan)' 수립이 필요하다. 9단계 절차가 유용한데 다음 장에서 상술(詳述)할 것이다.

일반적으로 제목, 목적, 목표, 사업개요, 세부추진내용, 소요예산, 향후계획, 기대효과 등에 대해 6하원칙(5w1h)에 의거 전개하는 것이며 무엇보다 체제가 상하 좌우로 잘 순환되고 있는지, 서두에 있는 목적과 목표, 내용과 결론이 상호 모순없이 논리적으로 이어져 있는지 충분히 점검해야 한다.

서론과 본론, 결론은 10:70:20을 강조한다. 서론에 해당하는 목적과 목표는 10%, 본론에 해당하는 사업개요, 세부추진내용 70%, 결론에 해당하는 향후계획 및 기대효과를 20% 정도로 할애하면 된다. 그리고 미시) 원리에 입각해 중복과 누락을 방지하기 위해 '왜' 라는 반복적인 질문이 필요한데 사업시행과정에서 발생할 수 있는 문제를 충분히 걸러낼 수 있기 때문이다.

필자가 공무원들이 실행계획을 수립하는데 도움이 될 수 있도록 기획의 기본적인 속성을 담은 '기획십도(企劃十圖)'를 작성해 봤다.

① 정보파악도 – 정확성, 신속성, 경제성

② 현황파악도 – 2W(무엇을, 왜) 1H(어떻게)

③ 문제점 도출도 – 5why(왜?를 다섯번)

④ 컨셉도 – 현실성 논리성, 창의성. 차별성

⑤ 목표 및 목적도 – Specific(구체성), Measurable(측정가능성)
   Achievable(달성가능성), Relevant(적절성), Timely(시의성)

⑥ 대책도 – 로직트리(logic tree)

⑦ 해결과제도 – 창의성, 신속성, 논리성

⑧ 세부내용도 – 타당성, 실현가능성

⑨ 기대효과도 – 수미쌍관

⑩ 평가도 – 피드백(성과 모니터링)

이 기획십도의 체계 구성은 상황에 따라 우선순위가 달라질 수 있다.

여기에는 정확성·논리성 등 기획의 속성은 물론 기획의 기술이라고 할 수는 2w1h, 5why, 5w1h, mece, logic tree, so what, why so 등이 중복적으로 적용될 수 있다.

퇴계 이황선생의 위대한 성학십도(聖學十圖)는 도표로 이해하기 쉽게 작성했는데, 필자의 기획십도(企劃十圖)도 좀더 연구해 도표로 알기 쉽게 작성해 볼까 한다.

실행을 위한
계획 9단계 프로세스

> "과장님, 계획이라 쉽게 생각했는데, 무엇을 어떻게 해야 할지 답답하네요!"
>
> "공 주무관! 시작이 반이야, 힘들겠지만 9단계의 첫 글자를 외우면서 시작해 보자구! 제-목-목-사-세-소-기-향-행 이라."
>
> "과장님 '제목은 목사님 세분이 소기의 목표를 향해 행동합니다' 라고 외우면 쉬울 것 같네요."
>
> "하하. 공 주무관의 스토리텔링이 그럴 듯한데"

1단계 제목은 포괄적이지만 구체적으로

기획 보고서의 제목은 첫 인상이라고 하는데, 제목만으로 전체의 목적과 성격, 내용을 알 수 있도록 시각을 유혹하는 것이다. 정확한 방향과 구체적인 내용을 간결한 문체로 정리해야 한다. '~을 위한 ~것'이라고 할 때 목적과 범위는 명확해 질 수 있지만 제목이 길어질 우려가 있으므로 두 줄이 넘어가지 않도록 짧게 정리할 필요가 있다. 구체적으로 감이 오지 않는 '대목적'보다는 개별목적에 범위를 정하는 것이 효율적이라고 할 수 있다.

전달하고자 하는 메시지가 너무 길때는 주제목과 부제목으로 나누는 것도 좋다. 예를 들어 주제목이 '지방세 체납액의 효율적인 징수방안'이라면 부제목은 '고액 체납자 추적 징수를 중심으로'라고 다는 식이다. 제목의 기본은 보기 쉽고, 외우기 쉽고, 발음하기 쉬워야 한다. 제목 따로, 내용 따로 여서는 안 된다는 사실도 기억하자.

2단계 목적 3단계 목표는 상대와 나의 관점에서

직원들이 작성한 보고서를 보면 목적과 목표의 구분이 어려울 정도로 비슷하고 아예 목적에서 중요한 문단을 발췌해 목표를 정하고 있는 경우를 자주 발견할 수 있는데, 그 개념을 정확하게 알고 사용해야 한다.

목적은 상대방 관점의 가치 지향이고 목표는 나 중심의 통계 지향이다. 목적이 철학이라면 목표는 숫자다. 목적은 어떤 사업을 추구하기 위한 광의의 방향설정(존재의 이유)이고, 목표는 어떤 사업을 실현하기 위한 협의의 가시적인 실천계획이다. 다시 말해 목적은 일하는 이유(purpose)이고, 목표는 목적달성수준

(goal)이다. 목표는 도달수준(어떻게 돼야 하는가?)과 현상수준(현재의 상태는 어떤가?)과의 차이(Gap)인데 실행의 SMART 원칙을 이해해 두는 것이 좋다.

Specific : 구체적이고 / Measurable : 측정가능하고 / Achievable : 달성할 수 있고/ Relevant : 적절하고/ Timely : 시간안에 가능하고

4단계 사업개요는 줄거리를 포괄적으로

목적과 목표를 실현하기 위해 6하 원칙을 사용하면 사업 줄거리 전반을 빈틈없이 파악하고 관리할 수 있는데, 무엇을? 어떻게? 왜?라고 질문하면 사업개요와 내용이 더욱 명확해 진다. 왜(why)는 존재의 이유이므로 5번은 질문해야 핵심과제 도출에 근접할 수 있다는 것이다.

단번에 생각이 정리된다면 한번으로도 족하고, 그렇지 않을 경우 질문하면 할 수 있도록 해답이 구체적이고 명료해 진다. 행사기획이 아니라면 '언제 → 기간'으로 바꿔질 수 있고 '어디서'라는 장소는 불필요할 수 있다.

5단계 세부 내용은 로직트리로 미시하게

먼저 유사성의 정도에 따라 3개 정도의 소주제로 묶으면 추진과제를 명확히 할 수 있는데 상·중·하, 서론·본론·결론, 가위·바위·보 등 3가지의 유용성에 대해서는 이미 강조했다. 여기에는 지식과 정보, 현장에 대한 이해 등 종합적인 사고가 요구된다고 볼 수 있는데, 중복을 피하면서 상위와 하위의 구조가 인과관계에 놓일 수 있도록 로직트리라는 생각정리 기술을 적용해 보자.

현재의 상황을 정확하게 이해한 상태에서 6하 원칙의 핵심이라고 할 수 있는 2W1H로 질문하는 것이 좋다. 무엇을 해야 하는가?(what), 왜 해야 하는가?(why), 구체적으로 어떻게 하나?(how)로 추진과제를 도출하면서 중복되거나 누락되지 않도록 논리를 전개해야 한다. 하지만 로직트리를 반복적으로 연습하지 않은 상태에서 이를 잘 적용하기는 쉬운 일이 아니므로 부단한 연습이 필요한데, 하위단위의 실천 방안에 대해 가지를 벌려가면서 가장 좋은 과제 세 가지를 남겨두고 나머지를 삭제해 가면 최종적인 실행 과제가 도출될 수 있다.

우리는 흔히 어떤 목표를 달성하기 위해서는 수단과 방법을 가리지 말아야 한다는 말을 자주 한다. 여기에는 부정적의미도 담겨 있지만 강력한 실행력을 담보하기 위한 방법으로 '해야 할 것' '하지 말아야 할 것'에 대한 통제 전략이 필요하다.

6단계 소요예산은 산출근거에 입각해

지자체 예산사업이 구체적인 산출근거가 미흡한 경우가 많은 데 아직까지 점증주의 방식이다 보니, 기 편성된 예산에 맞춰 설계를 하기 때문이다. 좀 더 정확한 산출근거와 원가분석을 철저히 하고 공사비 편성의 경우 여러 업체의 견적을 참고해 최선의 비용을 산출하는 것이 바람직하다.

7단계 기대효과는 '수미쌍관'으로

기대효과는 수미쌍관(首尾雙關)이라 목적을 더욱 구체화(정량 또는 정성)해 나타나는 효과에 대해 정리해 주면 되는데 처음의 목적과 밀접하다고 볼 수 있지만, 이를 더욱 가시화한 개념이라고 이해하면 된다. 특히 새로운 사업에는 기대효과가 반드시 명시되는 것이 필요하다.

8단계 향후계획은 일정에 따라

실행계획의 목표를 달성하기 위해 계획수립 시점을 기준으로 간트챠트(Gantt chart)등을 의거 향후 추진할 사항들을 일정별로 제시하는 것이다. 사업추진이 예측 가능하게 효율적으로 실행될 수 있도록 하는 일정 플랜이다.

9단계 행정사항은 협조사항

늘 실행계획서의 말미에 정리한다. 해당부서에서 할 일을 구체적으로 정리하는 것인데 실적은 언제까지 제출한다든지 재정 심의를 어느 부서에서 어떻게 해야 할지 등 부서 협조 요청 사항 위주로 정리한다. 부서간의 칸막이가 존재해 원활한 협조가 되지 않는 경우가 있다. 주민들이 공원에 체육시설을 설치요구 한다면 '문화체육과'에서 입안을, 하지만 공원조성계획은 '공원녹지과'에서 협조해 주어야 한다. 내 업무가 아니라고 모른다는 식이라면 실행이 원활하지 않을 수 있다. 공무원들이 전체 주민의 이익이라는 큰 틀에서 시책을 추진한다는 생각을 가져야 부서간 협조체계가 잘 유지 될 수 있다.

≫ 〈기승전결 전개방식〉

≫ <u>기起</u> – 제목, 배경, 목적 등을 제시하는 머리부분

≫ <u>승承</u> – 목표, 개요 등을 기술하는 본론과의 연결부분

≫ <u>전轉</u> – 추진방안, 대책, 기대효과 등이 나오는 핵심 부분

≫ <u>결結</u> – 향후 조치계획, 추진일정, 행정사항 등이 나오는 결론 부분

2

직급별 기획서
작성 포인트

9~8급 바른글로
기본기를 다져라

지방행정업무는 도로 · 하수 · 교통 등의 공공 기반시설을 정비해 주민들의 일상생활에서 발생하는 불편 민원을 원활하게 처리한다. 또한 기초생활보장 수급자 생계급여 지급 등 복지안전망을 강화하는 일을 비롯해 일반행정, 역사문화, 공원녹지, 지역경제 등에 걸쳐 그 종류는 헤아릴 수 없을 정도다.

이러한 행정행위는 의사의 기록과 전달, 보존이라는 측면에서 구두보다는 문서로 하는 것이 원칙이기에 공무원의 기본이 '정확한 문서작성'이라고 할 것이다. 상급기관의 정책을 산하부서에 시달하고 관련부서의 협조를 구하는 절차를 비롯해 주민의 요구사항이나 민원에 대한 답변이 불분명하다면 주민의 행정에 대한 신뢰는 추락하고 말 것이다.

어느 날 심의위원회에 참석했는데 각안건별 심의내용이 아무런 단락도 없이 깨알을 부어놓은 것처럼 작고 흐릿하게 작성돼 있었다. 누구를 위한 자료인지 이해할 수 없어 물었더니 담당자가 별도의 설명이 있기 때문에 심의자료는 큰 의미가 없다는 것이었다. 그렇다면 왜 만든 것일까? 의구심이 가지 않을 수 없었으며 심의위원에 대한 최소한의 배려가 있어야 한다는 점에서 꼭 개선토록 강조한바 있다.

공문서는 의사결정의 기본

공무원들의 공문서 작성이 미흡해 의미조차도 제대로 연결되지 않은 허점 투성이 보고서를 작성한다면 주민에게 유익한 정책은 한낱 구호에 불과할 것이다. 공직경력이 오래된 팀장급 이상의 직원들도 근무지가 바뀌면 업무숙지에 대한 불안감으로 공문서 작성에 신중을 기하게 되는데, 새내기나 초급 공무원들은 각종 문서 실무에 익숙치 않아 종종 실수를 유발하게 되는데 각별히 유념해야 한다.

어느날 한 직원이 올린 기안문에 오류가 있길래 '무엇이 잘못되었는지 지적해 보라'고 했던 적이 있다. 상급부서의 문서를 모 복지 시설에 이첩하면서 '00구는 정산결과를 00월 00일까지 00과로 제출할 것'이라는 내용을 삭제 않고 그대로 올렸기에 한 말이었다. 매우 단순한 실수에 불과하지만, 이 또한 공문서가 발송이 됐을 때는 대외적인 신뢰에서 원상회복이 불가능하게 된다. 이쯤에서 바람직한 기안문 작성방법을 알아두자.

≫ ❶ 정확한 의사전달 – 6하 원칙에 의해 작성하며 애매한 표현이나 과장된 표현은 쓰지 않도록 해야 한다.

≫ ❷ 신속한 이해도모 – 문장은 가능한 한 단문형태로 짧게 개조식으로 쓴다. 또한 가능한 한 결론을 먼저 쓰고 그다음에 이유와 설명을 하는 두괄식(頭括式) 서술을 한다.

≫ ❸ 용이한 이해촉진 – 이해하기 쉽도록 쉬운 말을 사용해 어려운 전문용어를 피한다. 한자 또는 전문용어를 사용할 필요가 있을 경우 괄호 안에 한자, 전문용어, 외국어 등을 병기한다.

공문서 작성에 대한 내용은 '행정효율과 협업촉진에 관한 규정'에 근거하고 있는데 통상적으로 문서의 체계는 두문(행정기관명,수신,경유), 본문(제목, 내용, 붙임), 결문(발신명의, 결재권자, 등록번호, 행정기관의 주소, 공개구분 등)으로 구성돼 있고, 최종결재권자의 결재를 받아 시행하도록 돼 있다. '최종결재권자'는 '행정기관의 장 또는 위임전결규정에 의해 행정기관의 장으로부터 결재권을 위임 받은자 및 대결하는 자를 말한다'라고 정의돼 있다.

아울러 자치사무 위임전결규정에 의거 최종결재권자(기초자치단체의 경우 시장·군수·구청장)의 결재는 부단체장과 국·과장이 위임을 받을 수 있도록 돼 있는데 국과단위 최종결재권자이다. 동주민센터의 경우 기관장인 동장이 된다. 과·동장이 휴가 등 부재사유가 발생할시 그 아래 팀장이 대결권을 행사할 수 있다. 하지만 그렇지 않고 '최종 결재권자'가 있는데도 '중간결재권자(검토자)'인 팀장의 결재로는 공문서를 시행 할 수 없다는 사실을 인식해 두어야 한다. 그 토대가 되는 '문서처리 원칙'은 공무원들이 알아 두어야 할 내용이기에 약술하고자 한다.

① 『행정계통처리의 원칙』은 행정기관이 상하 지휘계통에 따라 문서의 발송 및 접수 그리고 경유, 인계 등이 이루어져야 한다.

② 『즉일처리의 원칙』은 문서의 내용 또는 성질에 따라 그 처리기한이나 방법이 다를 수 있으나 효율적인 업무수행을 위해 당일 또는 즉시 처리한다.

③ 『책임처리의 원칙』은 규정된 사무분장에 따라 각자의 직무범위 안에서 책임을 지고 관계규정을 준수해 신속하고 정확하게 처리한다.

④ 『적법성의 원칙』은 문서처리 권한이 있는 자가 법령의 규정에 따라 적법하게 처리한다는 원칙이다.

초급 공무원들은 이러한 '문서처리 원칙'을 잘 알고 있다고 해도 막상 어떻게 작성해야 할지 고민할 수 있는데, 필자가 경험적 입장에서 서술한 아래 사항들을 잘 숙지해 두면 공문서 작성에 도움이 될 것이다.

첫째, 어려운 행정용어를 쉽게 풀어 쓸 수 있어야 한다. 공문서나 기획서 작성을 위해서는 행정 용어들의 사용이 불가피하다. 일례로 구매, 계리, 육우, 영조물, 맹지, 바우처, 복토, 소요, 제척, 징구, 호안 등 그 용어들은 무수하지만 남발하거나 어렵고 애매한 표현들은 삼가는 것이 좋다. 또한 자신의 업무와 관련해서, 내가 예산팀 직원이라면 세입, 세출, 명시이월, 사고이월, 건전재정 운영의 원칙, 간주처리, 순세계 잉여금 등 재정과 관련한 용어들을 잘 숙지하고 있어야 하는데, 만약 세입을, 지방세를 제외한 세외수입이라고 이해하고 있다면 올바른 기획이 가능하겠는가!

문장의 생명력은 그 기본을 구성하고 있는 단어의 생명력에서 나온다는 말이 있다. 간결한 공문서 작성과 자신의 업무를 발전적으로 기획하기 위해서는 어려운 행정용어들을 주민 누구나 쉽게 알아 볼 수 있도록 원활하게 구사할 수 있어야 한다.

아울러 기안문 작성시 '공공언어' 바르게 쓰기는 매우 중요하다. 공공언어는 좁게는 공공기관(행정부 · 지방자치단체 등)에서 문서를 통해 사용하는 언어이고, 넓은 의미로는 일반대중을 상대로 사용되는 신문 · 방송 · 인터넷매체 등에서 사용하는 모든 언어까지 포함된다.

바른 글, 쉬운 글, 호감 가는 글을 쓰자

우리나라는 국어기본법을 제정해 지방자치단체에서 국어책

임관 제도를 운영하고 공공언어 바르게 쓰기를 지도하고 있다. 그러나 완전히 정착되지 못하고 있는 실정으로 행안부에서 '지자체 주요업무 합동평가'에 국어책임관 지표를 추가로 신설해 더욱 많은 관심과 지원을 가지도록 한바 있다.

공공언어는 정확성과 소통성이 생명으로 정부와 행정기관들이 공문서를 작성 할 때는 국민들이 적정한 양의 정보를 편안하게 읽을 수 있도록 배려해야 한다. 따라서 권위적 표현(제출할 것→제출해주십시오)이나 차별적 표현(다문화 가정 등 소외계층을 대상으로 → 다문화가정을 대상으로)을 사용하지 말아야 하는 것은 물론 '이해하기 쉬워야 하고 정확해야 한다'는 것이다.

이화여대 국어문화원의 공공언어 개선사업결과에서 자주 발생하는 오류유형을 열거하면 다음과 같다.

① 맞춤법의 경우 문장 부호의 표기에서 연월일 표기의 오류가 자주 일어난다고 한다. 2011. 5. 25일 → 2011. 5. 25. 06년 → '06년으로 해야 한다.

② 띄어쓰기에서는 의존명사를 붙여서 쓰는 오류다. 특히 화폐 단위와 사람을 세는 단위로 자주 쓰이는 의존명사인 '원'과 '명'의 띄어쓰기 오류가 빈번하게 나타난다고 지적했다. 7,200여만원 → 7,200여만 원, 7만여명 → 7만여 명, 9월말 → 9월 말로 표기해야 한다.

③ 외래어 표기에서 한글 표기병행이 이루어지지 않은 사례

인데 MBC → 엠비시(MBC), MOU → 양해 각서(MOU) 로 표기하는 것이 맞다.

이밖에도 기안문 작성시 종종 오탈자가 많이 발생하고 접속사나 조사(그리고, 및, 또한, 에서…)를 지나치게 많이 사용하는 등 다수의 오류유형이 발굴되고 있어 공무원들의 인식과 개선이 절실하다. 공공언어는 개인이 아닌 사회구성원을 대상으로 하는 언어이기에 공문서에 문법적 오류가 자주 발생하거나 불필요한 문장이 제대로 여과되지 않는다면 행정에 대한 주민신뢰는 추락하게 될 것이다.

기획문서 첫 인상, 1초안 결정된다

흔히들 사람에 대한 첫인상은 3초 만에 결정된다지만 기획문서에 대한 첫인상은 1초 안에 알 수 있다고 한다.

공직경험이 많은 간부들의 이야기인데 사람에 대해 첫인상이 좋아야 호감이 가는 것처럼, 상사에게 상신하는 기안문서나 기획보고서에도 첫인상이 있다. 이들 문서에 대한 첫인상을 '문서매력지수'라고도 하는데 문장표현의 정확성을 높여야 한다. 어휘사용, 적절한 단락(段落), 문자의 글자간격, 글자크기, 띄어쓰기, 맞춤법, 들여쓰기, 줄바꾸기, 글자체 등 문서에서 드러나는 외형적인 모습에 품격과 균형감이 베여 있어야 한다. 보기 좋은 떡이 먹기 좋고, 같은 값이면 다홍치마라는 말이 있지 않은가. 공무원의 기본 중의 기본이 공문서 작성능력으로 기초의 부족은 누구도 탓 할 수 없는 일이므로, 상사의 경험적 지도와 좋은 기획서를 교본으로 부단히 노력을 기울이는 수 밖에 별다른 방법이 없다. 그렇다고 지나치게 부담을 가지기 보다는 글쓰기를 블록조립이라 생각하고 행정용어 등을 이리 저리 순화해보고, 바꾸어 보고 하는 노력을 재밌게 하는 습관을 들이다 보면 자신도 모르게 실력이 향상될 수 있을 것이다.

tip 보고서 작성 달인의 노하우를 알아두자

1) 각 사무실의 업무편람을 활용하자. 업무편람은 소관 사무에 대한 업무계획, 관련업무 현황, 기타 참고자료 등을 정리한 현황철이다. 또 업무수행에 필요한 절차나 합리적인 방향을 제시해 일목요연하게 정리해둔 행정사무 편람이 있는데 이를 활용하면 업무처리가 수월할 수 있다.

2) 전임자의 선례 등을 살펴보고 의문사항은 물어본다. 전임자가 고충을 느낀 업무, 미결 업무 등 인계인수를 철저히 해야 업무공백을 방지할 수 있다.

3) 법적 조건을 충족했는지 잘 따져 본다. 인허가 업무의 경우 법규에서 정한 제반기준을 충족해야 하고 시책결정의 경우 합리성과 타당성이 있어야 한다.

   ▶ 구비서류를 갖추었는지(예: 대장등본 등 각종 증빙서류)

   ▶ 구비서류에 흠결이 있는지(예: 경력증명서의 경우 허위는 없는지)

   ▶ 현장과 구비서류는 일치하는지 (예 : 대장상의 면적과 실제면적의 차이)

   ▶ 유관기관의 협조는 받았는지(예: pc방은 교육청, 소방시설은 소방서)를 검토해야 한다. 주요 정책사업의 경우 효율성이 있는지, 피해를 야기할 민원소지는 없는지, 재원은 확보되었는지도 검토한다.

4) 기안문 작성 시 상사와 충분히 소통한다. 기안에 임할 때 제반사항이 충족돼 문제점이 없다면 직속상사(결재자)에게 사전에 구두로 대강의 내용을 보고한다면 결재가 한결 쉽고 빨라질 수 있다.

5) 관련부서와의 원활한 협조가 필요하다. 기안 시 사전협조를 받기는 하지만 중요한 사항은 관련 부서장을 찾아가 설명을 하는 등 원활한 소통구조가 형성돼야 한다.

7~6급, 자기만의
기획서 체계를 연습하라

필자가 구청 기획부서에서 6급으로 승진하면서 신청사 추진 반장으로 근무한 적이 있다. 당시 구청사가 노후하고 협소해 새롭게 지어야 한다는 여론이 비등하면서 신청사 건립 기획업무를 하였는데, 청사 건립의 목적을 비롯해 후보지 검토, 재원 조달방안 등에 매진했던 기억이다.

행정의 핵심실무자인 7~6급 팀장은 여러 정책업무에 대해 최고 결재권자의 의사결정에 필요한 기획서로 뒷받침 해야 하는데, 중복과 누락없이 상하위체제를 이해하기 쉽게 논리적으로 작성할 수 있는 능력이 각별히 요구된다.

이는 곧 문장과 내용이 정확하고 논리적이며 구체적이어야 한다. 간결하되 오타가 없는 것이 좋고, 주어와 술어의 연결 체계가 분명해 모순이 없어야 한다. 또한 내용은 명료해 사실과 데이터가 정확하고, 뼈대를 잘 갖추어 세부내용을 이해하기 쉽게 작성할 수 있어야 한다.

딱 떨어진 정답은 없다

하지만 1+1 = 2 라는 공식처럼 딱 떨어지는 정답이 없다. 이에 필자가 기획서 논리 체계를 이해하는 틀로서 '기획 5단계'(企劃五段階)를 제시한바 있으며, 기획서의 형태에 따라 몇 개의 기본적인 형식체계로 분류해 보았는데 초급관리자들에게 도움이 되길 바란다.

먼저 '단일행사 기획서'인데 가장 정형화돼 있고 손쉽게 작성할 수 있는 각종세미나, 캠페인, 기념식 행사 등에서 자주 활용된다. 행사의 규모에 따라 다소의 차이는 있으나 '제목, 추진목적, 추진목표, 행사개요, 세부추진(진행)계획, 소요예산(재원), 행정사항'의 순서로 정리하는 것이 일반적이라 할 수 있다. 민관이 협업하는 형태의 행사인지, 행정기관 중심의 행사인지 명확한 성격규명이 필요하고 행사 참석자의 욕구를 헤아려 짜임새 있는 내용 구성이 되도록 노력해야 할 것이다.

필자도 혼돈한 적이 있지만 '주최(主催)'와 '주관(主管)'을 잘못이해하는 경우가 많은데 '주최'는 행사를 개최하고자 발의한 비교적 규모가 큰 기관이나 단체를 말하고 주관은 행사홍보·세부일정 등을 짜고 운영한다. 주최가 주관의 상위집단인 경우가 많으나 소규모 행사의 경우 이를 구분하지 않고 행사를 치른다.

둘째, '업무개선기획서'다. 현행의 제도나 관행 등을 개선해 보다 나은 대안을 찾는 것인데 00(개선)방안, 00대책 등의 제목으로 '목적(배경, 필요성 등), 현 실태, 문제점, 대책(개선방안), 기대효과, 향후계획(행정사항)' 순으로 정리하는 것이 일반적이다. 무엇보다 문제에 대한 표면적인 원인이 아닌 근본적인 원인이라고 할 수 있는 '문제점'을 정확히 도출해 내는 것이 핵심이라고 할 것이다.

셋째, 가장 다양성 있게 작성되고 난이도가 높은 '시책기획서'가 있다. 일반적으로 '추진목적(배경, 필요성 등), 추진목표(방향), 추진개요, 세부추진계획(추진과제), 향후계획(행정사항)' 순이다. 계속사업일 경우에는 전년도(전단계)의 평가(성과분석)를 세부추진계획 앞에 언급하기도 한다. 구체적이고 실현가능한 목표제시가 핵심이다.

마지막으로 '주요업무기획서'는 시책기획서와 동일한 체계인데 지방자치단체 한해의 살림살이를 망라하고 있는데 실현가능한 목표제시와 함께 효율적인 업무추진을 위한 일정, 예산 등의 정확한 산출이 필요하다.

관선시절에는 매년 초에 도지사가 시군에 초도순시(방문)를 하는데 시장·군수가 주요업무계획을 보고해 각종 현안사업들에 대한 재정지원요청이 있었던 만큼 기획실의 인재들이 밤낮없이 업무보고서 작성에 매달린 적이 있다. 하지만 아무리 정형화된 논리체계가 있다고 하더라도 지식과 경험이 총체적으로 동원되는 기획의 과정은 결코 쉬운 일이 아닐 것이다.

기획서 상하위 체계상의 모순 시정은 물론 창의적인 컨셉을 도출하기 위해서는 혼신의 노력이 필요한데, 중복과 누락 등의 오류를 잡는 미시원리는 기획의 기초라는 점에서 두 말할 나위가 없다.

위에서 기술한 한 내용을 또 다시 기술하고 반드시 언급해야 할 내용이 누락된다면 기획서의 체계 전반이 불완전해 좋은 기획서가 될 수 없는 것은 주지의 사실이 아닐까! 또한 '목적'과 '목표'를 혼동한다든지, 추진방향이 무엇인지, 내용을 서술식으로 전개해야 할지, 전체적인 문서구조 체계는 잘되었는지 등에 대해 기본적인 이해가 부족하다면 되겠는가?

이러한 문서의 구조도 중요하지만 공무원들이 다람쥐 쳇 바퀴 돌 듯한 매너리즘에서 벗어나 자신의 업무에 관해서 뭔가 참신한 변화를 갈망해야 한다. 이는 곧 '기획의 알맹이'를 찾는 노력인데, 다양한 사고의 연결과 조합으로 자신의 생각을 이미지로 그릴 수 있어야 하고, 누구나 쉽게 이해할 수 있는 상대방의 언어로 객관화해서 구체적인 행동계획으로 발전시켜야 할 것이다.

'유혹하는 글쓰기'의 저자 '스티븐 킹'은 "탁월한 묘사력은 많이 읽고 많이 쓰는 수 밖에는 없다"고 했는데, 기획근육을 키우기 위해서는 결국 다독(多讀), 다작(多作), 다상량(多商量)이 비결이 아닐까 한다.

지자체 7~6급은 행정조직의 허리다. 필자의 경험칙상 기획 자체에 대해 지레 겁을 먹는 '회피형' 직원들이 있다는 사실은 조직의 허리에 약점이 아닐 수 없으므로 그러한 직원이 되지 않도록 스스로의 학습 노력을 아끼지 말아야 한다. 조직의 허리가 허약하다면 주민의 삶의 질을 향상시켜가야 할 동력을 제대로 발휘할 수 없다는 사실이다. 아무런 생각없이 전임자의 기획서를 용어하나 틀리지 않고 베끼기만 한다면 허리근육이 강해질 수 없다. 따라서 평소 자신의 업무에 기반해 전략적인 직관을 키워야 하며, 9급에서 8급, 8급에서 7급, 7급에서 6급으로 승진하면서 매 직급마다 변화지향적인 자세로 업무에 임할 때 강한 허리를 만들 수 있는 것이다.

5~4급, 지식과 경험의
내공이 직관으로

지방자치단체의 주요 정책은 대부분 국·과장(局·課長)선에서 의사 결정이 된다고 해도 과언이 아니다.

관악구의 경우 1,450여명의 직원 중에 국·과장은 5%정도 인데, 5급인 본청과장은 각 부서의 장에 해당되고, 4급인 국장은 각 부서를 총괄하므로 소속 부서 직원들의 기획서를 공정하고 객관적인 시각에서 판단할 수 있어야 한다. 모든 업무를 지방행정의 존재의 이유(목적, 목표)라고 할 수 있는 주민의 삶의 질 향상과 연결 지어 생각하고, 법과 원칙에 어긋남은 없는지, 비용의 추계는 정확한지, 민원발생 우려 요인은 없는지 등을 균형 있게 살펴야 한다. 기획문서든 민원답변서 든 실질적인 검토과정이 국·과장선에서 결정된다고 볼 때 더욱 그러하다.

단체장과 부단체장이 정책의 최종적인 결재권자이기는 하지만 그 많은 업무들을 일일이 챙길 수 없기 때문에 '알아서 잘 하시오'라고 국과장(局課長)의 결정을 신뢰해 결재하기 때문이다. 이 과정이 끝나면 해당 시책이 곧바로 관할 지역과 주민들에게 영향을 미치게 되는데 문제점을 사전에 걸러내지 못했을 경우 민원요인들이 발생할 수 있게 돼 행·재정 낭비를 초래할 수 있다. 따라서 국·과장들은 조직내부의 장단점을 면밀히 파악하고, 위기와 기회가 무엇인지 잘 검토해 바람직한 대안을 제시해야 한다. 이러한 비전제시능력이 부족해 단점을 기회로, 문제를 문제점으로 간주하는 시행착오를 한다면 주민들이 피해를 감내할 수밖에 없다.

공익적 관점에서 시행이 불가피한 경우라고 하더라도, 전문가 등의 충분한 자문을 거쳐 비용편익에 대한 정밀한 판단을 내려야 한다. 그 동안 많은 문제를 드러냈던 용인 경전철, 의정부 경전철과 같이 엉터리 교통량을 짜 맞추기식으로 한다면 결국 그 피해는 해당 지자체의 주민들에게 돌아갈 수 밖에 없기 때문이다.

의심하고 또 의심하라

프랑스의 수학자이자 철학자였던 '데카르트'가 한 이 말은 관리자들이 꼭 기억하고 실천해야 하는 진리가 아닐까 한다. 주민들과 소통하고 공감할 수 있는 최고수준의 완결성에 대한 또 다른 표현이 아닐 수 없기에 내가 추진하는 업무가 완전무결할 때까지 검토하고 또 검토해서 부작용이나 문제점이 없도록 하는 것이다. 지자체의 발전은 공무원들이 어떤 시각과 관점을 가지고 기획하느냐에 따라 그 원인과 결과가 판이하게 달라질 수 있다. 따라서 조직의 관리자들이 어떤 사안에 대해 이해관계자 중심으로 바라보기 보다는 이해관계자와 관계하는 사람과 그 주변까지도 폭 넓게 살필 수 있어야 한다.

특히 어떤 문제를 바라보는 관점이 중요하다는 것인데, 논리구조에 지나치게 얽매이다 보면 해결가능한 문제점이 보이지 않을 수 있기 때문에 '원인과 결과'라는 관점에서 열린 마음으로 바라보는 자세가 요구된다.

조직의 관리자들에게 요구되는 전략적인 비전이란, 단순하게 뛰쳐나오는 것이 아니라 오랜 지식과 경험의 내공들이 어느 순간 직관으로 발화는 것이기 때문에, 평소 꾸준히 학습하고 관찰하고 생각하는 일을 소홀히 해서는 안 될 것이다. 자신의 직위를 그냥 결재사인만 하는 자리라고 생각한다면 지역의 발전과 주민의 삶이 나아질 수 있겠는가? 이를 위해서는 선출직 단체장이라고 하더라도 지연·학연·나이 등을 뛰어 넘어 기획업무 역량이 뛰어난 인재를 관리자로 승진시키고 주요보직에 배치하는 합리적인 인사정책이 무엇보다 중요한 과제라고 할 것이다.

3

기획서 형태별
작성 노하우

언론이 주목하는
보도자료

공직에 첫발을 내디딘 새내기 직원이나 새로운 부서로 전입하게 된 직원들이면 회식자리 등에서 자기소개를 한 경험이 있을 것이다. 자신이 어디에 사는 누구이며, 좋아하는 취미는 무엇인지 등을 직원들에게 알려 원활한 소통 관계를 맺기를 바라는 의미에서 일 것이다.

이처럼 알리는 일을 홍보(弘報)라고 할 수 있는데 '클 홍(弘)'에 '알릴보(報)'로 '널리 알린다'는 뜻이 될 것이다. 홍보와 광고 모두 '다 같이 알린다'는 의미이지만 비용을 지불하느냐, 아니냐에서 차이가 있는데, 행정홍보는 주민의 알권리라는 측면에서 필수적이라 할 수 있는데 주로 공보(公報)라는 용어를 사용하고 있다.

행정홍보(Administrative Public Relation 혹은 Government Public Relations)는 행정과 홍보의 합성어로서 홍보주체가 행정기관 또

는 정부이며 지역주민이나 국민모두가 공중이라는 점에서 공공성과 공익성이 강조된다.

우리나라 평창 동계올림픽의 유치성과는 정부의 전략적인 홍보의 성과가 아닐까 한다. 김연아 등 올림픽 체조 스타들을 홍보대사로 임명하고, 동계올림픽에 대한 마스트플랜을 다양한 홍보매체와 기법으로 IOC 위원들에게 효과적으로 알렸기에 가능한 것이었다. 이처럼 홍보는 국가의 이익, 국민의 이익과도 직결되고 지방자치단체가 청소, 상하수도, 도로 유지보수와 같은 자치사무를 수행하는 만큼 주민의 이익과도 직결된다고 할 수 있다. 지방자치단체가 청소행정에 관해 홍보하지 않는다면 주민들은 청소차는 언제 오는지, 쓰레기를 언제 어떻게 배출해야 하는지 전혀 알 수 없을 것이다.

주민의 알권리 충족을 위해

행정홍보란 타이밍이 중요하므로 알려주지 않아도 될 일을 알리거나 이미 시기가 경과된 내용을 알린다면 주민에게 별 도움이 되지 않기 때문에 시의 적절하게 알리는 것이 중요하다.

이를 위한 보도자료 작성은 ①매 단락마다 토픽이 있어야 하고 ②한 문장에 두 개의 주제를 금지하며 ③가급적 전문용어를 배제하고 구어체가 원칙인데 다양하고 풍부한 정보로 재미있고 맛깔나게 쓸 수 있어야 한다.

그러나 아직까지 직원들의 보도자료 작성이 홍보부서의 전유물로 인식되어 각 부서에서는 그냥 제출하는 수준에 그치고 있는 경우가 많은데 주민에게 행사의 내용만을 단순히 알려주는 역할에 그쳐서는 안 될 것이다. 주민에게 문화행사, 체육행사를 알려주는 것도 중요하지만 주민들에게 꿈과 희망을 심어주는 기획보도 기능이 더 필요하지 않을까?

'우리 지역이 어떻게 발전돼 갈 것인가?' 주민에게 '어떤 복지혜택이 돌아가고, 교육·문화·환경 등 을 위해 어떤 노력을 전개하고 있는 가' 등에 대해서도 전략적으로 홍보할 수 있어야 한다.

이러한 관점에서 지방공무원들의 보도자료 작성방향과 관련해 몇 가지 사항을 강조해 두고자 한다.

먼저 보도자료는 두괄식(역 피라미드식 이라고도 함) 서술이 좋다. 우리가 신문을 읽을 때도 헤드라인을 읽고 앞에서 몇 줄까지 보다가 중간은 생략하고 맨 마지막으로 눈을 돌리게 된다. 그래서 중요한 결론을 맨 처음에 작성하는 두괄식서술이 효과적이라고 할 수 있다. 첫 문장이 리드(lead)하기 때문에 집필의도를 압축적으로, 힘 있고 간결하게 보여 줘야 한다.

하지만 하루 종일 개최하는 축제행사의 경우에는 시간대별 행사계획을 알려주는 연대기적 서술이 어떨까 한다. 아침 9시 식전행사를 시작으로 개막식이 진행되고 오전에는 음악공연행사, 오후에는 노래자랑, 등산대회, 경품추첨 순으로 진행된다는 식으로 작성하는 것이다.

> – 제목은 굵고 짧은 것이 좋다.
> – 본문은 어려워도 제목은 쉬워야 한다.
> – 구체적으로 맛깔나게

둘째, 잘 알려지지 않은 새로운 내용으로 관심을 끌자. 아무리 좋은 글을 쓰더라도 기자들의 관심을 끌지 못하면 주민에 대한 홍보는 상대적으로 약해질 수 밖에 없다. 이 사업이 전국 자치단체에서 처음으로 추진하는 사업인지, 또 어떤 차별성을 가졌는지, 주민에게 어떠한 이익이 돌아가는지 명확하게 설명하는 것이 필요하다.

셋째, 사실에 입각해 중복과 누락이 없는 충실한 자료작성이다. 필자가 보도 자료를 검토하다보면 5% 정도의 함량이 부족함을 자주 느끼게 된다. 종종 공무원들이 자신도 잘 모르는 내용을 쓰는 경우가 있는데, 기자가 알 수 없는 행정용어들만 늘어놓아 뭔가 내용이 불충분하다면 기사화되지 않을 가능성이 십중팔구다. 누가, 언제, 어디서, 무엇을, 왜 어떻게(5W1H)라고 하는 기사작성의 구성요소는 물론이고 정확한 내용, 쉬운말, 명료한 문장, 흥미를 유발 할 수 있는 제목 등 문장 작성의 5원칙도 명심해 두는 것이 좋다.

넷째, 보도의 생명은 적시성(타이밍)이다. 엠바고가 걸린 시기일수록 먼저 보도하려는 유혹이 강하다는 것이다. 아무리 좋은 사업이라도 시기를 놓치거나 다른 언론에 이미 보도되었다면 그 가치는 떨어진다. 최소한 1주일 전에는 보도자료가 작성돼야 한다.

다섯째, 보도자료는 1회에 그치는 경우도 있지만 3회 정도가 적당하다. 1회에서는 사업의 '착수' 단계에서 어떤 사업이 어떻게 진행되는지 주민에게 어떤 이익이 돌아가는지 작성할 수 있어야 한다. 2회에서는 어떤 식으로 사업이 '진행'되고 있는지 중간과정을 알려줄 수 있어야 하며 3회에서는 사업이 완공돼 주민들의 이용안내와 주민의 반응은 어떠한지 등이 포함되는 것이 바람직하다.

마지막으로 언론 인터뷰에 적극적으로 응하는 것이다. 공무원들이 대부분 언론을 기피하는 경향이 강한데. 긍정적인 사업의 경우 자신감 있게 사업의 추진배경과 기대효과 등을 설명할 수 있어야 한다. 또한 비판기사의 경우에는 자신의 입장을 적극적으로 주장할 필요가 있는데 요즘 기자들은 크레딧을 달고 이메일도 밝히기 때문에 충분히 가능하다. 공익사업이나 정책에 대한 비판기사가 주민의 일방적 인터뷰만 듣고 보도가 될 경우 왜곡될 가능성이 크므로 잘못된 부분을 명확하게 해명함으로써 균형적인 보도가 가능한 것이다.

오보의 경우에는 정정보도 청구권이 있고 일방적인 주장에는 반론보도 청구권을 적절히 활용하는 것도 생각해 봐야 한다.

디지털미디어를 비롯해 홍보의 기법이 날로 진화하고 있는 현실에서 민선자치단체장이 표를 의식해 자신의 치적을 지나치게 홍보하는 것은 경계해야 할 일이지만, 아직도 홍보를 전시성 행정으로 치부하는 것은 시대에 뒤떨어진 발상이 아닐 수 없다고 할 것이다.

주민이 감동하는
인사문

이 글의 제목을 보고 자치단체장들이 연설할 기회가 얼마나 자주 있길래? 라고 말하는 사람이 있을 것이다. 하지만 지방자치단체의 행사일정표를 보면 수긍이 가는데 관악구의 일일 행사표를 살펴보자.

≫ 09:00 국장단회의(구청장실), 10:00 설날맞이 농수축산물직거래장터(구청광장) ,겨울방학 Long&Low 키크GO, 살빼GO 교실(별관7층강당), 11:00 사립유치원연합회 성금기탁식(구청로비), 생활체육회 체육교실지도자 회의(기획상황실), 11:20 175교육지원센터출범선포식(별관7층강당), 15:00 강남아파트 재건축 변경 주민설명회(민방위교육장), 17:00 관악구통장단 월례회의(기획상황실)

이중 단체장이 참석한 주민 행사는 성금기탁식, 선포식, 주민

설명회 등 3번인데 5회 이상인 경우도 많다. 오늘은 청소년 동아리발표대회, 내일은 장애인체험행사, 모레는 경로당 준공식, 구민의 날 행사 등 크고 작은 행사가 수시로 개최된다. 이런 행사에 빠지지 않는 것이 지방자치 단체장의 인사말인데, 혹자는 단체장의 인사문을 공무원들이 굳이 준비해야 할 필요가 있는지에 대해 반문할 수 있다. 그럴 수 밖에 없는 이유는 단체장이 수 없이 많은 행사에 참여하다 보니 그 성격을 속속들이 알 수 없기 때문이다. 국가정책을 책임지고 있는 대통령 연설문은 그 사안의 중요성을 보더라도 전문성을 갖춘 청와대 연설비서관이 담당하지만 지자체의 경우 대부분 관련부서 담당자들이 작성하는 경우가 많다. 자치단체장이 직원들이 작성한 내용을 그대로 말하는 것은 아니지만 행사의 흐름을 잘 이해해 응용할 수 있기 때문이다. 이러한 인사문을 통해서 직원 또한 자기업무 전반을 정리하는 계기와 함께 단체장에게 시책의 추진방향에 대해 인식시켜 주는 효과도 있다.

간단한 인사문이라고 하지만 많은 지식과 정책사례, 현안업무처리대책, 장단기계획들이 동원돼야 한다는 측면에서 기획의 과정이라고 할 수 있다.

일례로 경로당 준공식 행사라면 기본적으로 노인에 대한 사회적인 인식의 변화, 자치단체의 노인 정책에 대한 자료들이 풍부해야 좋은 글을 쓸 수 있다. 노인이 단순히 보호의 대상이 아니라는 시각, 급속한 고령화에 따른 노인의 사회참여에 대해서도 이해할 수 있어야 할 것이다. 여가시설인 경로당이 화투나 치며 놀기 위한 장소가 아니라 여가를 선용하고 부업을 창출하는 공간으로 바뀌어 가고 있는 것에 대해 설명을 곁들인다면 공감이 더욱 크지 않을까 한다.

한걸음 더 나아가 유동적 지능(fluid intelligence)과 결정적 지능(crystalized intelligence)과 같은 노화전문지식에 대해 잘 이야기할 수 있고, 노인들이 평소 궁금해 하는 노인 일자리정책 등을 소상히 알리고 지지를 구할 수 있다면 진정한 참여자치의 장으로서의 의미를 가질 수 있다. 그러나 평소 담당업무에 대해 깊이 생각하지 않는 직원들의 경우 이러한 '글쓰기' 자체가 고통일 수 있다.

이러한 이유 등으로 인해 IQ→NQ에 이어 RQ(wRiting Quotient)라는 말이 등장하고 기획, 기안, 보고서 등을 잘 만드는 것이 취업이나 직장에서의 성공비결 능력이라고 강조한다. 글쓰기는 단지 멋진 문장을 잘 구사하는 것만이 아니라 문제해결 능력을 기르고 정책대안을 제시하는 일이기도 하다. 하나의 완성된 글 안에는 지식과 감성, 창의력, 비전 등이 총 망라되는데, 이러한 글쓰기 능력이 부족한 직원이 작성한 인사말은 주민들에게 실망감과 허탈감을 안겨줄 뿐이다.

지역발전을 위한 고민들이 진지하게 담겨 주민들에게 큰 감동을 주기위한 인사문이 되기 해서는 평소 글쓰기에 대한 기본적인 능력함양은 물론 자치행정 내, 외부 환경에 대한 관심과 더불어 자기업무에 대한 명확한 이해와 방향성을 가질 필요가 있다.

'대통령의 글쓰기'의 저자 강원국 씨는 "자신 없고 힘이 빠지는 말투는 싫네, ~같다는 표현은 삼가게, 부족한 제가와 같이 형식적이고 과도한 겸양도 예의가 아니네"라고 말한 노대통령의 지적을 언급하면서 구체적인 표현의 중요성을 강조 한 바 있는데 공감이 가는 대목이다. 그렇다면, 주민에게 설득력 있는 인사문 작성을 위해서는 어떻게 연상하는 것이 좋을까에 대해 필자의 경험적 입장에서 서술해 보고자 한다.

먼저 6하 원칙 입장에서 인식하고 정리할 필요가 있다. 누가, 언제, 어디서, 무엇을, 어떻게, 왜, 하나를 인식한 다음 단체장의 입장에서 격려하고 축하해야 할 일이 무엇인지 파악 한다

둘째, 시책 추진방향성과의 연계성이다. 행사의 효과가 자치행정의 어느 분야 발전에 기여할 수 있는지와 자치단체에서 어떤 정책기조로 추진해 갈지 구상한다.

셋째, 미래지향적인 발전 방안이다. 시대적 흐름과의 연계성을 검토하고 주민의 참여와 협조방안은 어떠해야 하는지를 정리하면 더 좋은 내용이 될 수 있다.

넷째, 연설문은 호소력이 있어야 한다. 너무 어려우면 주민에

게 공감이 가지 않으므로 쉽고 이해하기 쉬운 문장을 써야하며 계절성, 시사성, 현장감 등 부드럽고 사실적인 표현으로 문맥의 자연스러움을 가미해야 한다. 특히 구체적인 숫자, 금액 등을 가미해 대중적인 설득력을 높여야 한다.

　마지막으로 상급기관장이 축하차 참석한다면 지역현안에 대해 자연스럽게 관심과 지원을 요청하는 것도 좋은 방법이다. 서울시에서 아파트 관리사무소의 일정공간에 무료로 어린이 공부방을 만들어 준공식을 거행했는데 서울시장이 참석했던 적이 있다. 이날 단체장은 인사말에서 청소년 공부방의 개설에 대해 고마움과 함께 주민들을 위해 구의 청소년 복지 정책의 방향을 설명했다. 부연해 뉴타운 개발 등과 같이 서울시의 정책적 지원이 필요한 사업의 경우 자연스럽게 그 내용을 삽입해 시장에게 전폭적인 지원을 요청한다면 깊은 관심을 표명할 것이다.

핵심이 명료한
단체장 지시사항

조선시대 왕들의 역사적 사실을 정리한 책이 조선왕조실록인데, 어전회의시 사관이 임금의 지시사항(政令) 등을 초고로 작성하여 춘추관에서 철저하게 검증을 거친 후에야 최종적으로 수록될 수 있으며, 임금이 볼 수 없도록 철저한 보안 속에 그 기록이 계승돼 왔다. 이러한 기록의 역사는 현대에도 계속되고 있으며 우리나라의 대통령지시사항, 국무총리지시사항, 장관지시사항, 도지사 지시사항, 시장·군수·구청장 지시사항 등이 대표적이라 할 수 있다.

지자체장의 지시사항은 각종회의 - 정책 회의, 확대간부회의, 현안회의 - 직원 조례 등을 통해 지역의 현안을 수시로 피력하는데 작게는 단순한 개선사항에서부터 크게는 지역의 비전을 제시하는 정책들이 문서의 형태로 시달된다.

이러한 지시사항 업무는 대부분 기획팀의 7~8급 주무관이 전담하는데 그 내용이 단체장의 의도와 다르게 정리되지 않도록 명심해야 한다. 정책의 골격이라 할 수 있기에 그 의도와 목표가 명확하게 드러날 수 있도록 완전무결해진 내용으로 시달해야 해당부서에서 실행계획을 원활하게 수립할 수 있지 않을까 한다.

지시사항을 담당하는 직원이 풍부한 지식과 경험으로 무장돼 있어야 보다 미래지향적인 관점에서 핵심을 정리할 수 있을 것이므로 자기보다 두 직급위의 입장에서 글을 쓸 수 있는 능력과 함께 반드시 직원이 아닌 단체장의 관점에서 정리하는 능력이 요구된다고 하겠다.

단체장이 명확하게 확신을 주어 말한 내용인데도 불확실한 개념으로 인용한다면 용어선택이 적절하지 않을 뿐더러 단체장의 정책의지를 감소시키는 결과를 가져온다고 할 수 있다.

일례로 단체장이 분명히 '지방재정의 건전성'이라고 했는데, '예산의 건전성'으로 바꿔 쓰면 개념이 더욱 편협해지고 얇아진다. 재정은 광의의 의미를 담고 있으나 예산은 재정의 한 분야에 지나지 않는다는 사실을 이해하고 있어야 한다는 의미이다.

또한 "세외수입증대를 위해 노력해야 한다"와 같이 핵심을 명료하게 서술해야 하는데 지방세를 점검하고, 예산의 효율성을 제고하는 등의 애매한 표현은 주관부서에서 무엇을 어떻게 해야 할지 이해할 수 없을 것이다. 이밖에도 법적인 규제사항을 임의사항으로 정리해서는 법규위반이라는 문제를 발생시킬 수 있다는 사실이다. 일부의 부적정성이 전체의 부적정성으로 오해되는 것도 문제인데, 예를 들어 일부직원의 기강해이를 전 직원의 기강해이로 정리했다면 이 또한 실수다. 그리고 가끔 소설 쓰듯이 장황한 지시사항을 볼 수 있는데 이는 직원들의 무관심으로 이어질 수 있는 지름길이다.

지시사항을 쓴다고 마구 쓰는 것이 아니다. 법적 테두리를 인식하고, 팩트(fact)에 입각해 간결하고 명료하게 정리해야 한다. 이러한 과정을 거쳐 시달된 지시사항은 전부서 직원들이 공람하여 '단체장의 정책방향'을 이해할 수 있도록 하고(관심이 저조한 실정임), 기획부서에서 정기적으로 점검·평가를 통해 해당부서별 이행상황을 피드백 한다.

지시사항(공통·개별)의 대부분이 주민생활과 밀접한 지역 현안들로서, 각 부서별로 밀도있는 세부실천계획을 수립하여 적극 개선해 나가야 한다.

상사가 OK하는
의회 질문답변서

   지방의회는 정례회와 임시회를 통해 조례심의, 예산안 및 결산안 심의 의결, 행정사무감사 등의 일들을 수행 하지만, 무엇보다 집행부에 대한 질문은 중요한 견제기능이다.

   지방의회가 집행부에 답변을 요구하는 사항이 질문인데, 질의는 의문이 있거나 모르는 것을 묻는 것이고, 질문은 모르거나 의심나는 점을 물어 대답을 구하는 것이다. 자치단체 마다 질문 형식이 다르지만 대체로 일괄답변, 일문일답의 두 가지 방식으로 진행된다. 일괄답변의 경우 주로 국장급 이상의 간부가 주어진 질문서에 의거 답변서를 작성하지만, 일문일답의 경우 사전에 예상 질문 답변서를 작성해야 한다. 지방의회 질문에 대한 집행부의 답변서도 기획의 과정처럼 신중하고 정확하게 작성해야 하는데 자칫 면밀한 검토없이 부실하게 답변하면 집행부의 정책추진이 내실있게 진행되지 못하는 것으로 비춰져 비판과 쟁점의 대상이 될 수 있기 때문이다.

답변서는 상사의 관점에서

답변서는 상사의 관점에서 쉽게 이해할 수 있도록 작성해야 하는데 무턱대고 작성하기 보다는 몇 가지 요령을 알아두는 것이 필요하다.

첫째, 대화식으로 장황하지 않고 간결하게 작성해야 한다. 사전검토를 할 때도 마찬가지겠지만 답변자들이 내용을 한눈에 척 보면 알 수 있도록 개조식으로 짧게 정리하는 것이 좋다. 일문일답의 경우 무슨 소설을 읽는 게 아니다. 배경이나 인물묘사처럼 사건을 끌어오는 답변이 아니기에 즉석에서 단번에 내용을 손 쉽게 보고 답변할 수 있도록 간결하게 정리할 수 있어야 한다. 아울러 지방의원들이 질문을 하다보면 주변현황에 대한 내용들도 답변을 요구하는 경우가 있는데 여기에 대비해 보조자료를 충분히 준비해 두는 것도 요령이다. 이를테면 통계수치나 관련법령 등의 자료는 말미에 별도로 첨부해 참고 할 수 있도록 하는 것도 잊지 말아야 한다.

둘째, 해당의원에게 질문배경 및 의도를 미리 파악하는 등 충분한 정보수집이 필요하다. 청소분야를 질문하더라도 재활용폐기물쪽에 관심을 가지고 있는지, 음식폐기물 쪽에 관심이 있는지 사전에 알아두자. 의원들마다 관심분야가 있고 질문하려는 핵심이 있다. 무엇을 질문할 것인가에 대해 충분히 알아보고 답변을 쓴다면 시간을 줄일 수 있고 또 의도한 핵심에 더욱 다가갈 수 있다.

셋째, 지자체 의회 본회의 질문에 대한 집행부 답변자는 의회마다 차이가 있겠지만 일반적으로 단체장, 부단체장, 국장 이상이다. 나의(작성자) 관점보다는 상사(답변자)의 관점이 객관적인 기획이다. 나의 관점, 실무자의 관점에서 글을 쓰면 나무를 보고 숲을 보지 못하는 경우가 많다. 왜냐하면 단체장이나 국장들은 고기를 낚는 낚시꾼의 시각이 아니라 고기가 어디에 많이 있는지 살피는 선장이라는 사실이다. 내 주관으로 작성할 것이 아니라 사전에 직접 답변자의 대응방향을 물어보고 답변서를 작성하는 것이 핵심이다. 단체장의 경우 일일이 이러한 것을 물어보기 어렵기 때문에 평소 언론 인터뷰 등을 통해 강조한 사항을 유심히 관찰해 답변서에 정리하면 핵심에 다가갈 수 있다. 의회질문답변서는 답변하는 간부 공무원의 입장에서 정리돼야 한다는 사실을 재삼 명심할 필요가 있다.

기획은 누구나 잘 할 수 있다.

필자가 기획력에 관한 글을 마무리하면서 '기획이 과연 무엇일까!'를 새삼 되새겨 보았다. 기획이 내 앞에 뚜렷한 물체로 인식되는 것은 아니지만 '내가 살아가는 방식' '내가 하고 있는 모든 업무'들이 기획의 과정을 거친다는 사실이다.

오늘 무슨 음식을 요리해서 가족에게 행복을 안겨 줄 것인가?

오늘 아들, 딸의 생일 이벤트를 어떻게 할까?

올해 여성안심 귀가 사업을 왜 해야 하는 것일까?

우리들이 생활의 질을 현재보다 나아지도록 하기 위해 다양한 수단을 동원하는 것이 '기획' 인데 방법이라는 측면에서는 무한한 것이고, 발상이라는 측면에서는 평범함속에 비범함이 개입된다고 할 것이다. 그래서 '좋은 기획은 한 줄로 서서 가야 한다' '정해진 길을 따라 가야 한다' 등과 같은 획일성을 거부함으로써 고정관념에 얽매이지 않는 자유로운 사고를 표현할 수 있어야 한다.

우리나라는 그동안 일제 식민지와 6.25를 거치면서 가난을 극복하기 위해 국민의식형성차원에서 통일된 기준과 원칙이 중요했다. 하지만 4차 산업시대를 맞아 공무원들이 법과 원칙에 안주한다면 주민들의 향상된 삶을 기대하기 어렵다. 따라서 나와 다른 생각을 연결하고 결합하는 창의적인 사고를 가져야 한다.

그러나 아무리 생각이 창조적이라고 하여도 이를 언어로 옮길 수 있는 능력이 부족하거나, 글재주가 아무리 좋아도 생각이 고루하다면 애초에 기대했던 기획의 목표는 달성할 수 없게 될 것이다.

그렇다면 공무원들의 '생각과 글'이 상승작용을 일으키는 좋은 기획의 비결은 과연 무엇일까?

필자가 오랜 공직생활을 하면서 느낀 것은 특별한 방법이 있다기보다는 '난 잘할 수 있다'는 부동의 신념으로 자신의 업무에 대해 자문하면서 쓰고, 지우고, 생각하기를 반복함으로써 기획의 완성도를 높여가야 한다. '기획 싫어~ 자신 없어'라는 부정적인 생각보다는 '기획 좋아~ 자신 있어'라는 긍정적인 생각을 많이 해야 한다.

기획욕구(난 기획이 좋아), 기획경험(기획부서 근무해야지), 기획열정(난 잘할 수 있어)과 같은 긍정(肯定)의 마인드는 '생각의 활성화'로 이어진다. 하지만 기획불안(기획은 왠지 두려워), 기획무관심(난 기획스타일이 아니야), 기획무지(기획력이 왜 필요해)와 같은 부정(否定)의 마인드는 '생각의 정체'로 이어진다. 따라서 '3긍 마인드는 취(取)'하고 '3부 마인드는 사(捨)'해야 기획력이 향상되는 것이다.

지자체에서 매년 시달하는 종합계획서라고 할지라도 '나의 얼굴이다'라는 긍정적인 생각으로 열정을 쏟아 붓는 직원과 그렇지 않은 직원은 기획력 수준에서 확연(確然)한 차이가 날 것은 분명하지 않을까? 만약 자신의 기획안에 대해 질책하는 상사가 있다면 이마저도 좋은 노력의 기회로 삼을 수 있는 열린 마음을 가져야 한다.

논어에 '자왈 지지자 불여호지자 호지자 불여낙지자'(子曰 知之者 不如好之者 好之者 不如樂之者)라는 구절이 있다. "공자가 말하길, 아는 사람은 좋아하는 사람만 못하고 좋아하는 사람은 즐기는 사람만 못하다"는 말이다.

가끔 방송국에서 프로선수들이 하는 인터뷰를 들어 보면 '그냥 즐긴다는 마음으로 경기에 임할 것'이라고 하는 것을 자주 볼 수 있는데 기획의 진정한 프로는 부단히 연습하고 수정하는 일을 즐길 수 있어야 한다.

'기획' 어렵다고 생각하지 말고 하얀 종이위에 쓰고 지우고를 재밌게 열심히 연습해 해보자. 농부들이 씨를 뿌리고 잡초를 제거하면서 성실하게 농작물을 가꾸다 보면 좋은 결실을 얻게 되는 '수확의 법칙'처럼 말이다.

이처럼 좋은 기획은 정직하고 논리적이지만, 전혀 논리적이 지 않은 직관으로 세상을 놀라게 하는 대단한 가치를 안겨주기 도 한다.

음악가, 예술가, 과학자를 비롯한 각 분야 위인들의 위대한 영감이 그러한 것이다. 이는 결국 호기심을 가지고 오래도록 즐겁게 사고하고, 부단히 연습한 결과물이 속마음(depth mind)이 라고 하는 잠재의식 속에 들끓고 있다가 어느날 용암처럼 거대 하게 분출하기 때문이다.

기획을 모르고서는 자신과 세상을 변화시킬 수 없다. 따라 서 다독(多讀), 다작(多作). 다상량(多商量)을 통해 나온 조각들을 여 러 갈래로 나누어 보고, 짜 맞추는 노력을 부단히 하다 보면 언 젠가는 좋은 기획이 내 앞에 성큼 다가와 있을 것이다. 아무쪼 록 이 책 속에 언급된 글들이 비록 단견(短見)들이지만 개인과 조 직, 지역사회의 발전을 위하여 작은 밀알이 되었으면 한다.

| 참고문헌 |

- 강원국, 대통령의 글쓰기, 메디치, 2014
- 강금만, 보고서 논리적 사고와 비주얼로 승부하라, 새로운제안, 2010
- 고미야가즈요시, 숫자력, 위즈덤하우스, 2009 / 창조적발견력, 2008
- 공선표, 생각창조의 기술, 리더스북, 2008
- 김종규, 나와 세상을 바꾸는 기획의 비밀, 중앙경제평론사, 2008
- 기획이노베이터그룹, 한국의 기획자들, 토네이도, 2007
- 나카타니 아키히로, 기획력/크리에이티브마인드, 웅진윙스,2008
- 남충식, 기획은 2형식이다, 휴먼큐브, 2014
- 노동형, 기획특강교실, 경향미디어, 2008
- 정민, 다산선생 지식경영법, 김영사, 2006
- 레이비드 맥낼리, 너 자신이 브랜드가 되라, 한언, 2003
- 린더카니, 잡스처럼 일한다는 것, 북섬, 2008
- KBS 〈명견만리〉제작팀, 명견만리, 인플루엔셜, 2017
- 모리야 히로시, 고전을 보고 세상을 읽는다, 범우사, 2003
- 박경수, 지금 당장 기획공부 부터 시작하라, 한빛비즈, 2014
- 박봉수, 과장이 어떻게 일해야 하는가, 원앤원북스, 2015
- 박신영, 기획의 정석, 세종서적, 2013
- 사카모토 게이이치, 섹시한기획, 꿈엔비즈, 2007
- 사이토 다카시, 고전시작, 디자인하우스, 2014
- 사이토 요시노리, 맥킨지사고의 기술, 거름, 2003
- 신병철, 표면아래 진실찾기, 빅머니, 2014

- 신현기외 5 공저, 정책학개론, 웅보출판사, 2003
- 아사다 스구루, 종이한장으로 요약하는 기술, 시사일본어사, 2016
- 안상헌, 머리를 감기전에 생각부터 감아라, 즐거운 상상,2005
- 안상헌, 어떻게 일할 것인가, 책비, 2012/ 이건희의 서재, 책, 2011
- 우에다 사토시, 최고의 기획자는 세 번 계략을 짠다, 토네이도, 2016
- 오쿠무라 류이치, 생각을 명쾌하게 정리하는 기술, 원앤원북스, 2008
- 에단라지엘 맥킨지는 일하는 마인드가 다르다, 2002
- 유덕현, 온몸으로 사고하라, 피플트리, 2013
- 이민규, 실행이 답이다, 더난출판, 2011
- 이용갑, 최강의 기획서, 아라크네, 2006
- 이상민, 유대인의 생각하는 힘, 라의눈, 2016
- 이호철,맥킨지 로지컬씽킹, 베르센, 2010
- 조칼훈, 초일류성장의 비밀 1시간기획, 서돌, 2012
- 최규, I am 창의고수, 21세기북스, 2013
- 최인철, 프레임, 21세기북스, 2007
- 최인호, 공자, 열림원, 2012
- 카세다 신이치, no 1. 기획력, 북폴리오, 2004
- 카이 롬하르트, 지식형 인간, 넥스서 북스, 2003
- 탁정언, 기회의 99%는 컨셉으로 만든다. 원앤원북스, 2015
- 토니 험프리스, 심리학으로 경영하라, 다산북스, 2008
- 하라지리준이치, 기획으로 경쟁하고 결과로 승부하라, 홍익출판사, 2009
- 하우석, 100억짜리 기획력, 새로운제안, 2003
- 하시츠네 게이이치, 탁월한 기획자는 그림으로 사고한다, 거름, 2004
- HR 인스티튜트, 로지컬씽킹의 기술, 2014
- 한봉주, 문제를 해결하는 기획, 초록비, 2014
- 한국인재경영연구회, 성공하는 사람들의 기획력, 경영자료사,2012

● 갈라북스 · IDEA Storage 출간 도서

———

세상 모든 지식과 경험은 책이 될 수 있습니다.
책은 가장 좋은 기록 매체이자 정보의 가치를 높이는 효과적인 도구입니다.

갈라북스는 다양한 생각과 정보가 담긴 여러분의 소중한 원고와 아이디어를 기다
립니다.

– 출간 분야: 경제 · 경영/ 인문 · 사회 / 자기계발
– 원고 접수: galabooks@naver.com